아침에 진실한 사람으로서의 도리를 듣고
이것을 체득했다면 저녁에 죽는다 하여도 조금도 후회하지 아니할 것이다.
인간의 삶의 태도, 살아가는 길을 아는 것이란 이처럼 중대한 것이다.
『논어』中

거친 음식을 먹고 물을 마시고 팔베개를 하고 살아도
즐거움은 그 속에 있는 것이다.
의롭지 않고 돈 많고 높은 벼슬 같은 것은 뜬구름 같이
내게는 아무 상관없는 일이다.

『논어』中

겨울이 되어 날씨가 추워진 연후에라야
비로소 소나무와 전나무가 얼마나 푸르른가를 알 수가 있다.
사람도 큰 일을 당한 때에라야 그 진가를 나타내는 것이다.
『논어』中

국민의 수가 적거나 물질이 적다고 걱정할 필요가 없다.
그보다는 모두가 불평등하다,
부당하다고 하는 불만을 지니는 것을 걱정해야 한다.
따라서 정치는 공평해야 하는 것이다.

『논어』中

나는 불안할 때 논어를 읽는다

나는 불안할 때 논어를 읽는다

펴낸날 2022년 3월 30일 1판 1쇄
2022년 4월 20일 1판 2쇄

지은이_판덩
옮긴이_이서연
펴낸이_김영선
책임교정_정아영
교정교열_이교숙, 남은영, 이라야, 김온
경영지원_최은정
디자인_바이텍스트
마케팅_신용천

펴낸곳 (주)다빈치하우스-미디어숲
주소 경기도 고양시 일산서구 고양대로632번길 60, 207호
전화 (02) 323-7234
팩스 (02) 323-0253
홈페이지 www.mfbook.co.kr
이메일 dhhard@naver.com (원고투고)
출판등록번호 제 2-2767호

값 17,800원
ISBN 979-11-5874-142-6 (03100)

論語

나는 불안할 때

논어를 읽는다

불안함이 요동치는 인생을 위로할 최고의 고전!

판덩 지음

이서연 옮김

미디어숲

나를 키운 건
팔 할이 『논어』

애써 노력하지 않아도 기억되는 유년 시절의 편린片鱗들이 있다. 춘추시대의 사상가 공자와 그 제자들의 언행을 기록한 유교 경전 『논어論語』는 그 기억의 조각 중 하나이다. 이 책은 『논어』를 해석한 세 권의 책 중 첫 번째 도서이다.

"나는 매일 세 가지로 자신을 반성한다吾日三省吾身."

어렸을 때 살던 집 거실에 걸린 조잡한 장식화 속에 적혀 있던 공자의 말이다. 제대로 된 의미를 깨닫지도 못했을 텐데 나의 뇌리 속에 똬리를 틀고 있는 이유는 뭘까? 잊힐만하면 다시 만나게 되는 인연 때문일까? 중학교에 들어가서 『논어』를 다시 만났다.

이번에 만난 공자는 교과서에 있었다.

"계씨가 전유를 정벌하려고 하니季氏將伐顓臾."

역시나 무슨 뜻인지 잘 몰랐다. 2천 년 가까운 오랜 세월 동안 동아시아 인문주의의 원형이 되었던 사상가 '공자孔子'라는 비범한 인물을 몰랐을 리는 없었다. 하지만 유가儒家의 성전聖典이라고도 불리는 『논어』의 의미를 그 시절의 내가 이해했을 리는 만무했다. 교과서에 수록됐으니 그저 건성으로 읽었을 뿐이다.

그 후로도 『논어』와의 만남은 계속됐다. 대학교 3학년이었던 1995년, 나는 다시 『논어』를 만났다. 하계 방학캠프에 참석한 홍콩의 한 대학교 학생 대표가 나에게 물었다.

"논어 읽어봤어?" 중학교 때 읽어봤지만, 난 이렇게 대답할 수밖에 없었다. "아니, 읽어도 이해하기 어려울 것 같아서."

그런데 그 친구의 "난화이진南懷瑾이 쓴 『논어강의論語別裁』는 이해하기 쉬울 거야."라는 말에 귀가 솔깃했다. 그의 말대로 정말 『논어』를 쉽게 이해할 수 있을까? 개학을 하자마자 나는 학교 도서관으로 달려가 난화이진 선생의 『논어강의』를 읽기 시작했다.

유교, 불교, 도교의 경전을 두루 통달한 난화이진 선생은 한자

문화권을 대표하는 석학이다. 『논어』를 해설하는 난화이진 선생의 모습은 소탈해보였다. 선생은 "배우고 제때 익히면學而時習之"이라고 진지한 말투로 설명하지 않는다. 그의 화법은 이해하기 쉬웠다. 강의는 이렇게 시작했다.

"천하는 원래 두 팔보다 가벼운 것입니다. 그런데 세상 사람들은 왜 그리 고통을 받고 사는 것일까요?天下由來輕兩臂, 世上何苦重連城."

나는 첫 부분을 읽자마자 머릿속이 명징해짐을 느꼈다. '원래 『논어』가 이렇게 재밌는 이야기였던 거야?'

나는 책을 끝까지 다 읽고 난 후에야 난화이진 선생의 책 『논어강의』가 쉽게 이해됐던 이유를 알게 됐다. 난화이진 선생의 강연을 그대로 기록한 강의록이었기 때문이다. 대화체로 편집돼서 편하게 읽히기도 했고, 생동감이 느껴졌다. 그는 친구에게 말하는 것처럼 꾸밈이 없고 친숙한 말투로 강의를 이어간다. 난화이진 선생의 『논어강의』의 가장 큰 장점은 바로 이 소탈함과 친밀함에 있다. 많은 사람이 선생의 강의를 통해서 『논어』에 입문했다. 그만큼 선생의 강의는 대중적인 영향력이 지대하다. 『논어』는 그렇게 서서히 나의 삶 속에 침투하기 시작했다.

학사 학위를 받은 나는 공영방송국에 입사했다. 방송국의 규모는 엄청났다. 몸집이 큰 회사에서 일하는 직원은 자신의 노력이 결실을 맺지 않으면 깊은 무기력감에 빠지게 된다는 것을 알게 됐다. 당시 나는 혼신을 다해 프로그램을 제작했다. 하지만 나의 작품이 언제 방영될지는 알 수 없었다. 당연히 나는 상사로부터 인정을 받지 못했다는 실망감에 휩싸이게 됐다. 심지어 나는 상사가 나의 존재 자체를 모르고 있다는 생각마저 하게 됐다.

그렇게 무기력하게 직장 생활을 하던 나는 한 달에 일을 하는 시간이 기껏해야 2주라는 사실을 알게 됐다. 시간은 남아돌았고 수입도 낮았다. 하지만 주거비용이 많이 드니 당연히 스트레스가 심해질 수밖에 없었다. 생계에 대한 불안은 나를 깊은 두려움에 휩싸이게 했다. 그리고 내가 무능하다는 생각이 독버섯처럼 마음 깊숙이 퍼져나갔다.

'직장을 잃으면 어쩌지? 프로그램이 다시 방영되지 못하면 어쩌지? 빌린 집에서 쫓겨나면 어디서 지내지?' 쌓여가는 불안감에 뜬눈으로 밤을 지새울 때도 많았다. 한마디로 우울증 초기 증상을 겪었다.

무라카미 하루키가 그랬던가? 야구장에 갔던 날 푸른 하늘로

솟구치는 홈런볼을 보면서 소설을 써야겠다는 생각이 들었다고. 그런 식으로 어느 날 갑자기 내 머릿속에 『논어』가 떠올랐다.

'논어를 다시 읽어볼까?' 남아도는 시간에 잡생각에 빠져 있으니 차라리 독서를 하는 게 낫겠다는 생각이 들었다. 나는 『논어』를 해설한 책들을 1년 동안 파고들었다. 그렇게 나는 『논어』라는 깊은 심연에 빠져들게 되었다.

시대에 따라 '『논어』 읽기'의 방법은 다르다. 한漢나라 시대부터 위진魏晉, 당唐나라, 송宋나라, 명明나라, 청淸나라, 그리고 근대까지 많은 학자와 작가들이 『논어』와 관련된 해설서와 창작물을 썼다. 나는 많은 사람이 해설해 놓은 『논어』 책들을 탐독해 나갔다. 무도인이 도장 깨기를 하듯, 한 권 한 권 『논어』 해설서들을 읽어 내려갔다. 그러던 어느 날 나는 『논어』에 대한 학식이 깊어진 내 모습을 마주하게 됐다. 공자는 강인했다. 용감했다. 그리고 동시에 친근했고 다정했다. 한마디로 공자는 빠져들 수밖에 없는 매력을 가진 군자였다.

공자의 『논어』는 마음속을 파고든다. 그 감동은 나이 불문이다.

어떤 난관에 부딪힐 때 공자는 『논어』를 통해 해답을 제시한다! 공영방송국에서 내 능력을 펼치지 못하고 있다는 생각에 괴로워하는 나를 지켜준 공자의 말은 바로 이것이다.

> "군자는 도를 도모하지, 먹을 것을 도모하지 않는다."
> _ 君子謀道不謀食.
> "군자는 도를 걱정하지, 가난을 걱정하지 않는다."
> _ 君子憂道不憂貧.
> "다른 사람이 나를 알아주지 않는 걸 걱정하지 말고,
> 내가 다른 사람을 알아주지 않는 걸 걱정해야 한다."
> _ 不患人之不己知, 患不知人也.

공자는 먼 곳에 있지 않았다. 내가 겪고 있는 고통과 근심을 공자도 겪었다니! 나의 문제들은 나 혼자만의 것이 아니라 아주 오래전부터 모든 사람이 겪어 온 고통이었던 것이다. 나의 고통은 고작 집세와 업무에 한정되어 있었다. 하지만 공자가 살았던 춘추전국시대에는 생사가 걸린 일들이 많았다. 공자는 명성이 없는 상황이나 굶주림의 고통을 걱정하지 않았다. 공자의 이러한 가르침

을 담은 『논어』에 대한 깨달음이 황홀하게 느껴졌다. 나와 조상들과 『논어』를 통해 진솔한 모습으로 마주할 수 있었던 것이다. 내 몸 안에 흐르는 피는 조상으로부터 물려받은 것이다. 조상의 사상이 나의 문제를 해결할 수 있고, 나도 조상의 생각들을 이해할 수 있다는 믿음이 생겨난 것이다.

『논어』를 읽고 나는 근심에 잠을 이루지 못하는 일이 없어졌다. 심지어 방송국에 사표를 제출했을 때도 초조함이나 불안함에 휩싸이지 않았다. 내 마음이 평온함을 되찾을 수 있었던 이유는 공자의 말 덕분이다. 공자는 말했다.

"아침에 도를 들으면 저녁에 죽어도 좋다."
_ 朝聞道, 夕死可矣.
"급작스러운 상황에서도 반드시 어질어야 하며, 곤궁한 상황에서도 반드시 어질어야 한다."
_ 造次必於是, 顚沛必於是.

저자 판덩

굳고 여문 물건은 아무리 갈고 닦아도 얇게 되지 않는 것이다.
이와 같이 정신이 굳고 여물다면 어떤 환경에 처해 있어도
꺾이거나 쓸모없이 되는 법은 없다.

『논어』中

차례

옛사람들의 지혜는 뛰어났다. 그들은 지나치게 가혹하지 않고,
최대한 객관적인 조건에서 행동의 평가 기준을 설정했다.
그리고 가장 중요한 평가의 기준은 어짊과 같은 인간의 내면과 본성이었다.

제 1 편

학이 學而

論語

배움에 대한 '마인드셋'이

천하를 다스린다

학이시습지 學而時習之

논어 한 문장으로
인생의 변화가 시작된다

───────◆───────

공자가 말하길 "배우고 제때 익히면 즐겁지 아니한가? 친구가 먼 곳에서 찾아오니 기쁘지 아니한가? 사람들이 알아주지 않아도 화내지 아니하니 군자답지 아니한가?"

子曰 "學而時習之, 不亦悅乎? 有朋自遠方來, 不亦樂乎? 人不知而不慍, 不亦君子乎?"

자왈 "학이시습지, 불역열호? 유붕자원방래, 불역락호? 인부지이불온, 불역군자호?"

『논어』의 제1편 제목은 '학이 學而'이다. 공자의 후세들은 『논어』를 총 20편으로 구성했다. 그리고 첫 문장에 나오는 단어를 제목으로 삼아 20개의 소제목을 달았다. 첫 문장은 누구나 학창시절에 한 번쯤은 들어본 적이 있는 익숙한 문장이다.

공자가 이른다. "배우고 제때 익히면 즐겁지 아니한가? 친구가 먼 곳에서 찾아오니 기쁘지 아니한가? 사람들이 알아주지 않아도 화내지 아니하니 군자답지 아니한가?" 직역하면 이와 같다.

'지식을 배운 뒤 복습하고 사용해보면 좋지 않겠는가? 뜻이 맞는 친구가 멀리서 찾아오면 기쁘지 않겠는가? 다른 사람이 나를 알아주지 않아도 화내지 않는다면 군자답지 않겠는가?'

옛사람들은 책을 쓸 때 주제를 담은 문장을 맨 처음 쓰는 경우가 많았다. 평범해보이지만 이 문장은 진실을 담고 있다. 배움은 사람의 평생 동안 계속 정진해야 할 일이다. 제때 올바르게 배우라는 말이 첫 문장에 배치된 까닭은 바로 '배움'의 중요성이 그만큼 크다고 강조하기 위함이다.

송나라 재상 조보趙普는 "『논어』 절반으로 천하를 다스릴 수 있다."라고 말했다. 조보는 많은 공을 세운 송나라 개국공신이지만, 그가 공부한 책은 『논어』 하나였다고 전해진다. 혹자는 한 나라의 재상이 어떻게 책을 한 권만 읽었겠냐며 그 사실을 의심한다. 조보가 정말 평생에 걸쳐 공부한 책이 『논어』 하나였는지는 중요하지 않다. 조보의 이야기는 그만큼 『논어』의 중요성을 설파한 것이라고 받아들이면 그만이다. 일종의 과장법일 수 있다.

『논어』의 중요성에 대한 나의 생각은 조보보다 더 크다. 나는 '『논어』의 절반이 아니라 한 문장만 알고 있어도 천하를 다스릴 수 있다'라고 생각한다. 그 누가 『논어』의 절반을 외울 수 있겠는가? 『논어』의 한 문장이라도 머릿속에 각인되도록 '주문'처럼 외워보자. 그럼 난제를 만났을 때 답을 얻을 수 있다.

공자의 말로 다시 돌아가자. 문장에서 '아니한가?'라고 번역된 '불역不亦'의 의미는 무엇일까? 공자는 간단히 설파하면 될 말을 왜 독자들에게 물어보듯 말했을까? 우선 자신에게 질문을 던져보자. '나는 배우고 제때 익히는 일이 즐거운가?' 대답은 '아니'다. 배우는 것, 즉, 공부가 마냥 즐거운 일은 아닐 것이다. 공자도 대부분의 사람이 '배우고 제때 익히는 일'을 좋아하지 않는다고 생각했던 것 같다. 그래서 그는 "이 또한 즐거운 일이 아니겠는가?"라고 역설적으로 독자들에게 되물으며 배움의 세계로 반갑게 초대하는 것이다.

내가 운영하는 지식 서비스 프로그램인 '판덩독서'에서 나는 종종 이런 질문을 받는다.

"선생님이 읽어주는 책을 매일 듣는데도 어째서 제 삶은 더 좋아지지 않는 걸까요?"

이유는 분명히 있다. '배우기'만 하고 '익히지' 않기 때문이다.

배운다는 건 지식을 이해하는 것이고, 익힌다는 건 배운 지식을 꾸준히 응용하고 시도하고 실천하는 것이다.

『예기禮記』에 이런 말이 있다. "널리 배우고, 자세히 묻고, 신중하게 생각하고, 명확하게 분별하며, 성실히 실천해야 한다博學之, 審問之, 愼思之, 明辨之, 篤行之." 학습의 중요성을 다섯 단계로 설명한 문장이다. 여기에서도 마지막에 '행行'이라는 한자를 통해 배움의 실천을 강조하고 있다.

평상시 우리가 마주하는 배움에 대한 어려움을 두 가지로 생각해볼 수 있다. 첫 번째는 아예 배우려 하지 않는 경우이다. 하지만 애석하게도 공자는 이런 상황에 대해서는 다루지 않았다. 『논어』는 주로 스승인 공자와 제자들이 대화한 내용을 담고 있다. 이미 배우고 있거나 배우겠다는 마음을 가진 제자들과 토론하면서 배우지 않는 경우를 이야기할 필요는 없었을 것이다.

두 번째 상황은 배우기만 하고 응용과 실천을 통해서 자신의 것으로 만들지 않는 경우이다. 배운 지식을 자신의 것으로 만드는 데 걸리는 시간은 사람에 따라 천차만별이다. 짧은 시간 안에 원하는 결과를 얻지 못하는 사람일 경우, 배워도 도움이 되지 않는다거나 배움이 삶을 바꾸지는 못한다고 생각할 수도 있다. 쉽고 빠른 지름길로 가고 싶은 초조한 마음이 있기 때문이다. 책을 정독하는 대신 오디오북으로 흘려 듣고, 한 가지 지식을 배운 것으로 삶의 변화가 즉시 일어나야 한다고 기대하는 것은 아닌지 자문해야 할 것이다.

배움에 있어서 초조해하는 사람들에게 공자는 말한다. '결과에 연연해 하지 말고, 단숨에 목표를 이루려 하지 말고, '배우고 제때 익히는' 과정 자체를 즐기는 마음가짐을 가져야 한다'고 말이다. 어려움을 해결하는 과정에서 즐거움을 찾는 것은 캐럴 드웹 저자의 『마인드셋』에서도 언급한, 핵심을 이루는 내용이다. 평생 배우며 성장한다는 마음가짐을 갖게 되면 실수와 좌절도 하나의 학습 과정으로 받아들이고 배움의 재미를 즐길 수 있을 것이다.

"배우고 제때 익힌다"로 시작되는 이 문장이 〈학이〉에서 첫 번째로 등장하는 이유가 또 하나 있다. 인생의 어려움에 대처하는 방법을 명쾌하게 알려주기 때문이다. 어려운 문제에 마주쳤을 때, 갑자기 인생의 흐름에 변화가 생길 때, 열심히 노력했는데 사람들에게 인정을 받지 못했을 때 등 여러 가지 요인으로 인해 괴로울 때 공자는 이를 대처하는 방법을 알려준다. 공자의 대처방법은 단 한글자이다. 바로 '락樂, 즐거움'이다!

공자가 말하는 문제 해결방법의 가장 큰 특징이자 장점은 '즐거움'이다. 공자가 말하는 즐거움은 문제의 핵심에서 벗어나기 위한 것이 아니다. 그리고 누군가를 비웃는 냉소나 남을 얕잡아보는 자극적인 블랙 유머식의 즐거움도 아니다. 『량수밍 선생이 말하는 공자와 맹자梁漱溟先生講孔孟』에 나오는 공자의 즐거움의 핵심은 '구하지 않음'에 있다. 즐거움은 외부를 향해 있지 않다. 그렇기 때문에 억지로 힘을 쓰고 자기 자신을 설득하거나 싸우며 괴로워할 필요가 없다. "즐겁지 아니한가"라는 공자의 말에서 '즐겁다는 것'은 자연스럽게 생긴 즐거움을 말한다. 이렇게 생각해볼 수도 있다. 이겨내기 힘들었던 과거의 괴로움 속에도 즐거움이 숨어 있지는 않았을까? 만약 우리가 즐거움의 사용법을 알게 된다면 학습의 어려움, 협력의 어려움, 다른 사람이 알아주지 않는 것에 대한 불만도 자연스럽게 해결될 수 있을 것이다.

다음 구절을 살펴보자. "친구가 먼 곳에서 찾아오니 기쁘지 아니한가."

먼 곳에 사는 친구가 찾아온 일에 기분 나빠할 사람은 없을 것이다. 하지만 내 유년 시절의 아버지의 모습은 좀 유별났다. 아버지는 집에 손님이 찾아올 때마다 공부에 방해가 되고, 일상의 생활 리듬이 바뀐다며 못마땅해하셨다. 친척이나 친구가 찾아오게 되면 무언가 대접해야 하니 경제적으로 넉넉하지 못했던 아버지는 지인이 찾아오는 것이 마냥 반가울 수는 없었을 것이다. 우리

29

가 살고 있는 이 시대는 공자가 생존했던 시대보다 훨씬 풍요롭다. 그런데도 사람들은 먼 곳에서 친구가 찾아올 때 주로 두 가지 이유로 기쁘게 생각하지 않는다.

하나는 생활 리듬이 깨지는 것, 다른 하나는 찾아온 손님을 대접하기 위해서 시간과 에너지를 쏟아야 한다는 것이다. 공자는 다른 사람으로 인해 자신에게 생긴 변화에 대응하는 방법을 이야기한다. 일단 친구가 먼 곳에서 찾아왔다는 것은 '나와 마음이 맞아 친해지고 싶어 하는 사람이 있다'는 뜻이다. 괜히 지레 겁을 먹고 불편해야 할 필요는 없다. 마음이 맞으니 그 친구는 나의 개인적인 상황을 공감할 수 있을 것이고, 상대방이 불편해할 일들도 알아서 피할 것이다. 또 만약 불편한 일이 생긴다면 그것을 솔직히 말해도 이해해줄 수 있을 것이다.

공자의 세 가지 말은 우리의 인생을 관통하고 있다. 먼저, "배우고 제때 익힌다."는 공자의 말은 공부의 어려움에 대처하는 방법을 설명한다. 다음으로 "친구가 먼 곳에서 찾아온다."라는 문장은 사람과 협력하고 대응하는 법을 알려준다. 마지막 문장인 "사람들이 알아주지 않아도 화내지 아니하니 군자답지 아니한가."는 수련의 경지를 설명해준다. 공자는 한 사람의 인생에서 마주칠 수 있는 모든 어려움에 대처하는 방법을 한 번에 설파한 듯하다.

어떻게 해야 할지 모르는 일을 만나거나, 방법은 알지만 할 수 없을 때는 '배워서 제때 익히고'라는 구절을 떠올리자. 외부와 협력하는 과정에서 문제가 생기면 '친구가 먼 곳에서 찾아오니 기쁘지 아니한가'에 담긴 뜻을 생각하자. 마지막으로 일을 완벽하게 해냈는데도 불구하고 다른 사람이 이해해주지 않을 때는 '사람들이 알아주지 않아도 화내지 아니하니 군자답지 아니한가'라는 〈학이〉의 문장을 마음속으로 암송해보자.

우리가 이 세 가지 문장을 항상 마음에 새기고 살아간다면 삶에서 가장 어렵고 피할 수 없는 문제를 만났을 때 당황하지 않을 것이다. 담담한 마음으로 문제를 받아들이고 헤쳐나가는 모습이 바로 군자의 모습이다.

군자무본 君子務本
작은 습관의
경이로운 위력

———— ◆ ————

유자가 말하길 "그 사람됨이 효도할 줄 알고, 공경할 줄
알면서 윗사람을 거역하기를 좋아하는 사람은 드물
다. 윗사람을 거역하는 걸 좋아하지 않으면서 난을 일
으키길 좋아하는 사람은 없다. 군자가 근본에 힘을 쓰
는 것은 근본이 세워져야 도가 생기기 때문이며, 효도
하고 공경할 줄 안다는 것은 바로 어짊의 근본이다!"

有子曰 "其爲人也孝弟, 而好犯上者, 鮮矣. 不好犯上, 而好作
亂者, 未之有也. 君子務本, 本立而道生, 孝弟也者, 其爲仁之本
與!"

유자왈: "기위인야효제, 이호범상자, 선의. 불호범상,
이호작란자, 미지유야. 군자무본, 본립이도생, 효제야
자, 기위인지본여!"

먼저 공자의 제자들에 대해 간략히 알아보자. 유자有子는 공자의 3대 제자인 유약有若을 말한다. 공자보다 대략 33살 아래였던 유약의 외모는 공자를 닮았다. 공자가 죽고 난 후 사람들이 공자를 그리워할 때, 유약은 공자처럼 행동하며 단상에 앉아 강연을 했다.

『논어』에는 공자 외에도 두 명의 제자를 일컬을 때 한자 '자子'를 사용했다. 유약이 바로 그중 하나이며 다른 한 명은 증자曾子라 불리는 증삼曾參이다. 자로子路, 자공子貢, 안회顏回 등의 나머지 제자들은 '자'를 사용하지 않고 원래 이름으로 불렸다. 후세 사람들은 『논어』를 편찬하던 유약과 증삼의 제자들이 자신의 스승을 존경하는 의미에서 공자와 같은 한자 '자子'를 뒤에 붙였을 것이라고 추측한다.

자, 이제 본문으로 들어가자. 유자가 말했다.

"그 사람됨이 효도할 줄 알고 공경할 줄 알면서 윗사람을 거역하기를 좋아하는 사람은 드물다." 문장에서 '드물다'로 번역된 '선鮮'은 '아주 적다'거나 '거의 없다'라는 뜻이다. 따라서 첫 문장은 '집안에서 부모에게 효도할 줄 알고, 형제들을 공경하며, 우의를 지키는 사람이 윗사람을 거역할 수 있겠는가? 그런 경우는 거의 없을 것이다.'라고 해석할 수 있다.

다음 문장인 "윗사람을 거역하는 걸 좋아하지 않으면서 난을 일으키길 좋아하는 사람은 없다"는 구절도 앞 문장과 같은 맥락이다. 집안에서 가족들을 위하는 사람이라면 직장에서도 상사를 존경하고, 책임감 있게 일을 처리할 덕목을 갖추었을 것이다. 직장 동료들과도 원만하게 지낼 사람이기 때문에 조직에서 '난'을 일으킬 가능성도 극히 적을 것이다. 여기에 쓰인 한자 '난亂'은 믿음을 저버리는 배신과 배반을 뜻한다.

그 다음 구절인 "군자는 근본에 힘쓴다"는 것은 군자는 일할 때 반드시 근본을 세운다는 뜻이다. 여기에서 말하는 '근본'이란 무엇일까? 유약이 생각한 근본은 효도와 공경을 바탕으로 한 가정 윤리였다. 그래서 이 구절은 가정의 윤리를 바로 세워야 비로소 도道가 생길 수 있다는 뜻을 담고 있다.

다음에 이어지는 문장 "근본이 세워져야 도가 생긴다"는 건 무슨 뜻일까? 공자는 "아침에 도를 들으면 저녁에 죽어도 좋다."라고 말했다. 당시 학문을 공부하는 사람들이 추구하는 목표는 바로 '도를 깨닫는 것'이었다. 그렇다고 해서 '나는 도를 깨달으려 하는 사람이니 더 수준 높은 삶을 지향한다.'라고 오만하게 생각한다면 오히려 '근본'과 멀어지게 된다.

"근본이 세워져야 도가 생긴다"는 구절을 제대로 이해하려면 큰 나무를 떠올려봐야 한다. 가지와 잎이 무성한 큰 나무로 자라기 위해서는, 먼저 뿌리가 땅속에 튼튼하게 뻗어 있어야 한다. 이런 논리로 사람이 가장 중요하게 확립해야 할 근본은 '효와 공경'이라 할 수 있다. '효과 공경'은 인생사에 가장 단단하게 뿌리 박혀 있어야 할 근간이기 때문이다. 부모는 자식을 사랑과 애정으로 대하고, 자식은 부모에게 효도하며, 형제자매와 우애를 지킬 수 있어야 한다. 이런 의미에서 나는 인간관계를 맺을 때 부모 관계가 어떤지를 반드시 알아본다.

'판덩독서'에서 자식에 대한 사랑의 의미를 생각하게 만드는 『독이 되는 부모Toxic parents』라는 책을 추천한 적 있다. 저자인 수잔 포워드Susan Forward는 어린 시절 가정환경이 한 사람의 삶 전체를 결정하지는 않지만, 매우 중요한 영향을 끼친다고 설명한다. 불우한 가정환경은 성장기 아이의 성격과 인성에 지대한 영향을 주고, 더 나아가 성인이 된 이후 사회생활에서도 어려움을 겪게 한다.

내가 아는 한 선생님이 이런 얘기를 했다. "사람이 살면서 마주하는 인간관계는 두 종류인데, 하나는 부모와의 관계이고, 다른 하나는 다른 사람과의 관계이다."

다른 사람과의 관계는 부모와의 관계의 반영이기에 부모와의 관계가 좋지 않았다면 모든 사람과의 관계도 좋지 않을 가능성이 크다. 유약의 말도 이와 맥을 같이한다. "효도하고 공경할 줄 안다는 것은 어짊의 근본이다."라는 말은 부모와 자식 간에 지켜야 할 예의 중요성을 말해주는 것이다.

세상의 모든 일은 가정에서부터 시작된다. 그렇기에 모든 일의 원인은 외부가 아닌 내부에서 찾아야 한다. 만약 가족들과 관계가 좋지 못하다면 이를 자신의 가장 시급한 수련의 과제로 삼아야 한다. 그래야 다른 사람과의 관계를 개선해 나아갈 수 있다.

'가화만사성家和萬事成'이라는 말도 있듯이 가정이 화목해야 모든 일을 잘해 나갈 수 있는 것이다. 부모로부터 사랑을 받은 아이들은 훗날 성인이 되어 사회생활을 할 때도 잘 헤쳐 나갈 수 있는 됨됨이를 갖게 될 것이다.

『아주 작은 습관의 힘Atomic Habits』이란 책에서도 기본의 중요성을 이야기한다. 사회생활에서 가정이 가장 기본이 되는 것처럼 한 사람의 태도에 가장 근간이 되는 것은 습관이다. 우리 행동의 결과는 작은 습관이 쌓여서 이뤄지기 때문이다. 더 이상 아무것도 할 수 없을 것같이 좌절했을 때 조금씩 작은 일들을 시도하면 엄청난 변화가 일어난다.

'철의 여인'이라 불렸던 영국 총리 마거릿 대처Margaret Thatcher 역시 습관의 중요성을 이렇게 역설했다.

"생각을 조심해라, 말이 된다."

"말을 조심해라, 행동이 된다."

"행동을 조심해라, 습관이 된다."

"습관을 조심해라, 성격이 된다."

"성격을 조심해라, 운명이 된다."

　매일 반복되는 작은 습관을 조금씩 고쳐나간다면, 시간이 흐른 뒤 우리는 완전히 다른 인생을 살 수 있게 될 것이다. 사람들은 몇 달 혹은 좀 길게는 1년 안에 우리의 인생이 바뀌기를 기대한다. 조바심은 인생에 있어서 독버섯 같은 것이다. 만약 작은 일들과 작은 습관들을 5년, 혹은 10년 동안 꾸준히 실천한다면 분명 멋진 인생을 살 수 있을 것이다.

교언영색, 선의인 巧言令色, 鮮矣仁

직장 상사의 표정만 살피는
부하를 멀리하라

───────── ◆ ─────────

공자가 말하길 "말을 교묘하게 꾸미고, 얼굴빛을 좋게
하는 사람 중에는 어진 사람이 드물다!"
子曰 "子曰: 巧言令色, 鮮矣仁!"
자왈 "교언영색, 선의인!"

이 문장은 중국은 물론, 한국에서도 사람들 사이에 자주 오르내
리는 문장이다. 과거는 물론 정보화시대인 지금도 전혀 어색하지
않은 표현으로, 주로 앞의 네 글자인 '교언영색'을 자주 인용한다.
'실속 없이 말만 번지르르하게 하고, 가식적인 표정으로 진심을
속이는 사람을 멀리 하라'는 공자의 충고는 앞으로도 계속 명문으
로 남을 것이다.

공자는 말이 많고 얼굴빛을 교묘하게 꾸미는 사람을 싫어했다. 반면, 말수가 적으나 성실한 사람을 가까이했다. 『논어』에서 언급한 사람의 겉모습에 대한 다른 문장들을 살펴보자.

"강직하고 굳세고, 질박하고, 어눌하니 어짊에 가깝다."
_ 剛, 毅, 木, 訥近仁.
"공자가 향당에 있을 때는 공손하고 삼가서 말을 못 하는 사람 같았다."
_ 孔子於鄕黨, 恂恂如也, 似不能言者.

강직하고 굳센 표정에서 신뢰감을 느낄 수 있는 것은 당연하다. 반면 어눌하고 말을 잘 못하는 사람에게 선뜻 호감을 느끼기는 쉽지 않다. 하지만 공자는 그런 모습이 얼굴빛을 교묘하게 꾸미지 않은, 순수하고 질박한 사람으로 어짊에 가깝다고 이야기한다.

그렇다면 사람들의 눈에 비친 내 모습은 어떨까? '판덩독서'를 운영하며 여러 편의 책을 저술한 나를 '달변가'로 생각하는 사람이 꽤 많다. 틀린 이야기는 아니다. 나는 내가 말을 잘하는 사람에 속한다고 생각한다. 그래서 오히려 항상 이점을 경계하며 스스로 교언영색하지 말아야겠다고 다짐한다. 술자리 같은 장소에서도 되도록 입을 열지 않으려고 노력한다.

　회식에 얽힌 다양한 경험들이 있을 것이다. 회식을 즐기는 외향적인 사람도 있고, 마지못해 자리만 차지하며 시간을 보내는 내성적인 직장인도 있을 것이다. 나도 처음에는 회식 분위기에 잘 적응하지 못했다. 회식 분위기에 어울리기 위해 '술자리에서 술을 권하는 격언 300구'같은 것을 배워볼까도 생각했다. 하지만 이런 가식적인 방법은 공자의 사상과 부합하지 않다는 생각이 들었다. 화려한 언변으로 술자리를 주도하는 것은 공자가 말한 얼굴빛을 교묘하게 꾸미는 것과 다름없다고 느낀 것이다. 그래서 나는 술자리에서 최대한 말을 아끼며 핑계 없이 솔직하게 말한다. "죄송하지만, 저는 술을 못합니다." 이것이 바로 다른 사람을 속이거나 비위를 맞추지 않는 진실한 태도라고 생각한다.

　결혼식장에서도 이런 모습을 마주하게 된다. 나는 거창한 언변으로 부모를 감상적인 감정에 빠뜨려 자신의 주례 솜씨를 뽐내는 사람들을 본 적이 있다. 신입생 오리엔테이션 행사에서도 마찬가지다. 흥겨운 음악을 크게 틀어 분위기를 돋우고, 어색한 구호를 외치자고 목소리를 높이다가, 느닷없이 슬픈 노래를 부르며 눈물샘을 자극하려는 사회자들을 종종 보게 된다. 이런 사람들을 보면 '교언영색'이라는 공자의 말이 저절로 떠오른다.

과유불급過猶不及, 지나친 것은 미치지 못한 것과 같다는 말이 있다. 과장된 표현에는 다른 사람들을 속이기 위한 목적이 숨어 있기 마련이다. 예를 들어 비즈니스로 인한 식사 자리에서 상대방과 계약을 논의하고 세부사항을 거론하는 것은 지극히 정상적인 소통 과정이다. 하지만 상대방에게 술을 권하며 취하게 한 뒤, 계약 조건을 이야기하는 건 교활한 계략이다. 멀쩡한 정신 상태에서는 수긍하기 힘든 불합리한 요구를 달성하기 위해 술의 힘을 빌리는 것이다. 이처럼 친밀한 분위기를 조성해 냉정한 비즈니스의 경계를 허물려는 목적으로 술을 마시는 경우가 많다.

그렇다면 '얼굴빛을 좋게 꾸민다'는 것의 본래 의미는 무엇일까? 영어권 사람들은 선거운동을 하는 정치가들을 '베이비 키서(Baby kisser : 아이에게 뽀뽀하는 사람)'라고 부른다. 거리에서 선거유세를 하다 아이들을 발견하면 재빨리 달려가 뽀뽀를 하는 정치인들의 습성 때문에 생긴 말이다. 이는 모두 좋은 이미지를 전달하기 위한 꾸며진 행동이다.

정치판이 아닌 회사에서도 베이비 키서를 발견할 수 있다. 겉으로만 직장 상사를 존중하는 척하는 부하 직원들도 베이비 키서의 심리와 동일하다. 부하 직원이 베이비 키서인지 아닌지를 판단하려면 어떻게 해야 할까? 부하 직원의 태도를 살피면 알 수 있다.

상사의 표정 변화를 주시하면서 상사의 표정이 좋으면 웃고, 반대로 상사가 찡그리면 심각한 표정을 짓는 부하 직원들을 의심해봐야 한다. 성실한 부하 직원들은 상사가 아닌 업무에 집중하기 때문에 상사를 대할 때의 태도도 담담한 경우가 많다. 반면 상사의 눈치만 살피는 부하 직원들은 상사 앞에서 베이비 키서로 돌변하며 직장 상사들의 비위를 맞추려 한다. 그런 직원들은 온갖 방법을 다 동원해 겉으로만 잘 보이려 하고, 상황에 따라 순식간에 표정을 바꾸며 태세 전환을 한다. 이는 직장 생활에 뚜렷한 주관과 철학이 없기 때문이다.

전국시대에 화려한 언변으로 유명했던 소진蘇秦, 장의張儀는 인간관계의 분열을 초래한 사람들이었다. 반면 공자와 맹자는 다른 부류의 사람이었다. 이들에 대한 평가는 역사가 증명한다. 수천 년이 지난 지금, 소진과 장의는 이름만 종종 거론될 뿐, 그들의 인격을 존중하는 후손들은 거의 없다. 반면 강직하고 굳세고 질박하면서도 어눌했던 공자와 맹자는 시간이 흐른 뒤에도 존경받는 군자들로 기억되고 있다.

사회생활이나 회식 자리에서 모든 사람의 비위를 맞추기 위해 노력할 필요는 없다. 거꾸로 소위 '띄워주는 말'을 들었다고 감사해할 필요도 없다. 가장 이상적인 인간관계는 말을 해야 할 때 말을 하고, 말을 아낄 때는 조용히 앉아 있을 수 있어도 편안한 관계이다. 말없이 서로의 눈빛만 바라봐도 어색함을 느끼지 않아야 비로소 가장 좋은 친구 사이라 할 수 있는 것이다.

우리 삶에서 떠들썩한 관계로 형성된 만남은 중요하지 않은 경우가 많다. 만약 친근함을 표시하기 위해 쓸데없는 농담이나 저속한 우스갯소리를 늘어놓는 사람을 만나게 된다면 그 관계는 오래 지속되기 힘들다. 상대방에게 어떤 문제가 있으면 솔직하고 담담하게 지적하고, 상대방의 단점까지도 허심탄회하게 말할 수 있는 인간관계를 만들려고 노력해보자.

'말을 교묘하게 꾸미고 얼굴빛을 좋게 하는 사람' 중에는 '어진 사람이 드물다'라는 공자의 말을 명심하자. 지나치게 자신을 과장하는 사람은 어짊이 부족해 멋지게 보이려 행동하기 마련이다. 진실한 기쁨, 관심, 애정은 과장할 필요가 없는 것이고, 마음에서 우러나오는 존경도 굳이 과장되게 표현할 필요는 없는 것이다.

오일삼성오신 吾日三省吾身

마음을 울리는
세 가지 물음

———————— ◆ ————————

증자가 말하길 "나는 매일 세 가지로 자신을 반성한다. 다른 사람을 위해 일을 도모하면서 충실하지 않았는가? 친구와 사귀면서 믿음이 있지 않았는가? 전수한 것을 익히지 않았는가?"

曾子曰 "吾日三省吾身. 爲人謀而不忠乎? 與朋友交而不信乎? 傳不習乎?"

증자왈 "오일삼성오신. 위인모이불충호? 여붕우교이불신호? 전불습호?"

학문에 열중했던 증자의 성품은 정직했다. 공자는 증자의 됨됨이를 다음과 같이 말했다.

"증삼은 미련한 사람이다 參也魯." 이는 증자의 어리석음을 지적한 말이 아니다. 증자가 미련해보일 정도로 정직했다는 표현이다. 언뜻 어수룩해보이는 증자는 안회처럼 총명하지 못했고, 자공처럼 말도 잘하지 못했지만, 그의 말에는 항상 정직함의 힘이 깃들어 있었다.

첫 문장을 살펴보자. "매일 세 가지로 자신을 반성한다" 그는 매일 자신을 돌아보며 세 가지, 혹은 그 이상으로 삶을 반성했다. 자신을 돌아보지 않는 것은 가장 경계해야 할 태도이다. 우리는 항상 자신을 돌아보고 반성할 수 있어야 한다.

『비판적 사고Critical Thinking』의 저자는 비판적 사고의 가장 높은 수준을 '자기반성'이라고 설명한다. 비판력이 부족한 사람은 타성에 젖어 매일 좋지 못한 습관에서 헤어 나오지 못한다. 사람들은 타인은 비판적으로 관찰하면서 정작 자신을 되돌아보는 일에는 관대하다.

본격적으로 증자의 세 가지 질문을 살펴보자. 첫 번째 질문 "다른 사람을 위해 일을 도모하면서 충실하지 않았는가?"는 사업에 관한 것이다. 여기서 '충실忠하다'는 건 최선을 다해 열의와 성의를 쏟는 것을 말한다. 다만 사업 분야에서 최선을 다한다는 데에는 전제가 하나 있다. 전문성이다. 나는 일본 창업자 마스다 무네아키Muneaki Masuda의 '츠타야 서점Tsutaya books'을 보면서 전문성이 밑바탕이 되는 '충실하다'의 의미를 이해하게 됐다. 마스다 무네아키는 서점을 '책을 읽는 장소'로만 생각하지 않았다. 츠타야 서점은 1층에서만 책을 팔고, 2층은 전문 직원이 배치된 영화관과 음악 감상실을 운영한다. 각 분야의 전문적인 지식이 있는 직원들은 고객의 호기심을 충족시켜 주며, 관련 서적을 소개한다. 어떤 분야에서 열의와 성의를 쏟으려면 마음만으로는 부족하다. 전문성이 밑바탕이 되어야 고객의 기대에 부응할 수 있는 것이다.

그렇다면 근로자에게 '충실하다'는 것은 어떤 모습일까? 상사가 지시한 업무에 최선을 다하려면 어떻게 해야 할까? 매일 야근을 하면서 모든 에너지를 쏟아야 할까? 단순히 오랜 시간 일한다고 최선을 다하는 것은 아닐 것이다. 이렇게 자신의 모든 에너지를 쏟다 보면 과로로 인해 병에 걸릴 수도 있다. 이는 회사 경영자나 근로자 모두 손해인 셈이다. 증자가 말하는 최선은 몸을 고생시키는 것이 아니라, 적극적으로 업무를 처리하려는 정신적인 태도를 말한다. 지나치게 긴 근무 시간은 직원들을 생각 없이 기계처럼 일하는 좀비로 만들 수 있다. 반면 직원들이 '일의 효율을 내기 위한 방법은 무엇일까?'라고 적극적으로 고민한다면, 일의 완성도는 높아질 것이고, 근로 시간은 단축될 것이다.

증자가 말한 충실함※은 창업자의 입장에서 생각하고, 사장이 자신에게 일을 맡긴 목적이 무엇인지를 이해하는 데에서 출발한다. 일본에서 가장 존경받는 3대 기업가로 꼽히는 이나모리 가즈오Inamori Kazuo의 첫 직장 생활은 화려하지 않았다. 작은 회사의 말단 직원이었던 그는 청소 업무를 담당하며 푸대접을 받았다. 하지만 그는 실망하지 않고 '어떻게 하면 청소를 효율적으로 잘할 수 있을지' 매일 고민했다. 그리고 편리한 청소 도구 몇 가지를 발명해 냈다. 아무리 단순하고 하찮은 일이라도 회사 업무를 자기 일처럼 생각하는 자세를 갖고 있었기 때문에 가능한 일이었다.

'충실히 다른 사람을 위해 일을 도모'하려면 '생각하는 자세'가 필요하다. 몸은 생각을 따라오기 마련이다. 이나모리 가즈오처럼 사장을 대신해 회사가 처한 문제를 고민하고, 사장의 요구를 파악해야 한다. 위에서 얘기한 마스다 무네아키처럼 고객이 정말 무엇을 원하는지 간파해내야 한다. 이것이 바로 충실함을 바탕으로 '생각을 갖고 일하는 방식'이다.

직장인들이 출근길을 도살장에 끌려가는 것처럼 느끼는 이유는 뭘까? 매일 직장 상사의 요구와 지시를 수동적으로 받아들이려는 태도 때문이다. 생각이 다른 곳에 가 있으면 업무는 너무나도 재미가 없다. 그리고 일에 흥미가 없으니 몸은 피곤하기만 하다. 그

47

러니 자신이 사장이라는 생각을 갖고 출근을 해보자. 자기 사업체의 일을 좀비처럼 처리하는 사장은 없을 것이다. 회사에 대한 주인 정신은 회사는 물론 자기계발을 할 수 있는 밑바탕이 된다.

증자의 두 번째 질문, "친구와 사귀면서 믿음이 있지 않았는가?"는 인간관계에 대한 고민이다. 친구를 사귈 때 '믿음'은 필수 덕목이다. 그리고 대부분의 사람은 자신들의 신뢰성에 문제가 없다고 생각한다. 설사 다른 부분이 부족하더라도 약속은 잘 지킨다고 믿는다. 그런데 약속을 지킨다는 건 정말 쉬운 일일까? 몇 가지 사례를 살펴보자.

첫 번째로 하기 싫은 일을 부탁받았을 때의 반응이다. 대부분은 체면이나 껄끄러운 관계가 형성되는 것을 피하기 위해 청탁받은 일을 해주겠다고 쉽게 약속한다. 그리고 정작 그 일을 해야 할 때는 여러 가지 핑계를 대며 미룬다. "미안해, 내가 요즘 너무 바빠서 도저히 시간이 나지 않네. 어떡하지?" 아마도 이런 답변은 누구나 몇 번씩 해 봤을 것이다.

두 번째로 할 수 없는 능력 밖의 일을 약속하는 경우다. 창업을 시작한 한 친구가 "내가 돈을 많이 벌면 벤츠 한 대 뽑아줄게."라고 의기양양하게 말한 적이 있었다. 이때 옆에 있던 다른 친구가 웃으며 그에게 물었다. "그럼 나는?" 대답은 똑같았다. "너는 BMW!" 물론 진담은 아니었을 것이다. 하지만 농담이라도 함부로 내뱉었다가는 신용에 문제가 생길 수 있다. 몇 년이 지나 그 친구들과 다시 만날 기회가 생겼다. 창업을 시작했던 친구는 사업을 접었다. 친구들은 예전에 농담조로 이야기한 자동차 이야기를 꺼냈다. 별 게 아니라고 생각할 수도 있겠지만 그렇게 쉽게 호언장담하는 태도가 사업을 성공시키지 못한 요인 중의 하나였을 수도 있다.

세 번째로 자기 자신이 약속을 지켰다고 착각하는 경우다. 많은 사람이 이렇게 생각하는 경향이 있다. 하지만 상대방은 달리 생각하니 문제가 발생한다. 서로 다르게 생각하는 이유는 약속에 대한 서로의 판단 기준이 다르기 때문이다. 대개는 이렇다. 자기 자신은 느슨한 잣대로 평가하고, 상대방은 엄격하게 평가한다. 그래서 서로 다른 잣대로 약속의 이행을 평가해 문제가 생기는 것이다. 따라서 약속을 지킬 때 그 기준을 과도할 정도로 높게 설정하거나 자신이 신용을 잘 지킨다고 단정하지도 말아야 한다.

증자의 마지막 질문을 살펴보자. "전수한 것을 익히지 않았는가?" 이는 두 가지로 해석해볼 수 있다. 첫 번째는 공자가 가르쳐

준 지식을 자신의 것으로 만들려 노력하지 않았느냐는 것이다. 이는 바로 앞에 소개한 '배우고 제때 익히다'와 일맥상통하는 공자의 가르침이다. 공자가 전한 지식을 제자들이 '배우고 제때 익히지 않았다'면 '전수한 것을 익히지 않은 것'이라 할 수 있다.

증자는 공자만큼 많은 제자가 있었다. 공자의 손자인 자사^{子思}도 증자 밑에서 공부했다. 배움에 대한 증자의 생각은 공자보다 더 멀리 나아간다. "전수한 것을 익히지 않았는가"라는 질문은 스승으로서의 자기 자신을 반성하는 것이다. 가르치기만 하고 실천을 하지 않으면 무슨 소용이겠는가? 스승이 모범을 보여야 제자들에게 제대로 된 가르침을 전달할 수 있다. 자신이 가르친 내용을 스스로 익히려 노력하고, 그 내용을 토대로 자신을 단련하려는 사람이 진정으로 좋은 스승이라 할 수 있다.

가르침을 업으로 삼은 자가 아니라도 배운 것을 익히는 일은 누구에게나 중요하다. 우리 모두는 항상 누군가의 스승으로 살아가게 된다. 부모는 자식들에게 가장 가깝고, 가장 친밀한 스승이다. 따라서 부모는 아이들에게 한 말들, 가령 남을 속이지 말고, 배움에 충실하고 친구들과 사이좋게 지내야 한다고 가르친 것을 자신 또한 지키고 있는지 물어봐야 한다.

사업을 하는 사람들에게도 '전수한 것을 익히는 자세'가 중요한 것은 마찬가지다. 리더십을 다룬 『사람을 이끄는 힘What to Ask the Person in the Mirror』의 저자인 하버드 비즈니스 스쿨의 로버트 스티븐 캐플런 교수는 경영자가 직원에게 업무를 지시하기 전에 자신이 먼저 그 업무를 직접 해 봐야 한다고 말한다. 회사를 경영하는 많은 사람이 리더의 직책이나 돈, 관리 업무에 집착하면서, 정작 기본기에는 소홀한 경우가 많다. 어떤 업무를 지시하고 전수하기에 앞서, 회사의 리더가 업무에 대한 기본기가 충실한 모습을 보여야 직원들을 이끌 수 있다.

나는 지금껏 살펴본 증자의 세 가지 반성을 '마음의 세 가지 물음'이라 말하고 싶다. 우리는 매일 자신에게 세 가지를 물어보아야 한다. 비즈니스 측면에서 우리는 적극적인 생각을 가지고 일을 제대로 처리했는지 물어보자. 인간관계에서는 약속을 지키고 다른 사람의 입장에서 이해하려 했는지 물어보자. 마지막으로 수양의 측면에서는 다른 사람에게 한 요구를 스스로 지키며 더 좋은 사람으로 변하려 노력했는지, 즉 가르치면서 동시에 스스로 익히려 했는지를 돌아봐야 하는 것이다.

번잡한 마음을 정리하는
청소의 힘

◆

> **공자가 말하길** "천승의 나라를 다스리려면 일을 경외
> 심을 가지고 믿음 있게 처리하고, 재물을 절약하고,
> 사람을 아끼며 적절한 시기에만 백성을 부려야 한
> 다."
>
> **子曰** "道千乘之國, 敬事而信, 節用而愛人, 使民以時."
>
> **자왈** "도천승지국, 경사이신, 절용이애인, 사민이시."

이 문장은 공자가 한 말이 아니라는 사람도 있다. 나는 이 문장
의 진위를 가리기보다는 이 말을 통해 배워야 할 요소들을 다뤄보
고자 한다.

'천승千乘의 나라'는 전차戰車 천 대를 보유한 나라를 말한다. 당
시에 전차는 3명이 탈 수 있었고, 1대의 전차는 72명의 보병을 이

끌었다. 그리고 물자를 공급하는 보급병 25명이 그 뒤를 따랐다. 그러니 전차 1대가 대략 1백 명의 사람을 인솔했던 셈이다. 따라서 천 대의 전차를 보유한 나라는 10만 명의 병력을 보유한 나라를 의미한다. 춘추전국시대에 10만 명의 부대를 거느릴 수 있는 나라는 강대국이었다.

자, 이제 대략 배경 설명을 했으니 문장을 살펴보자. "도천승지국" 구절의 첫 한자 단어 '길 도道'는 발음이 비슷한 글자를 쓰는 통가자通假字로 '다스릴 도導'를 의미하기도 한다. 종합해보면 첫 문장 "도천승지국"은 '전차 천 대를 보유한 강대국을 다스리려면'이라고 해석된다.

다음 구절인 "경사이신"에서 '경敬'은 성리학에서 많이 다루는 한자이며 '경외심'을 말한다. 성리학에서 경敬을 자주 언급하는 이유는 일을 할 때 경외심이 부족해 좋지 않은 결과를 초래한 사례가 많기 때문이다.

주周나라 유왕幽王이 장난으로 봉화를 피워 제후들을 농락해, 나라를 멸망의 길로 접어들게 한 일이 있다. 그런데 왕이 기껏 봉화 장난을 친 일로 나라가 멸망하는 것이 가능한 일인가? 주나라가 망한 진짜 이유는 유왕이 국가의 대사를 놀이처럼 생각했기 때문이다. 그는 자신이 천자天子인 만큼 모든 사람을 농락해도 된다고 쉽게 생각했다. 그래서 제후들을 놀리기 위해 봉화를 피워 거짓 구조신호를 보냈고, 이는 쓸데없는 병력낭비를 초래하고 말았다.

국가를 다스리는 것은 다른 일보다 더 많은 경외심이 필요하다. 최대한 엄숙하고 진지하게 나랏일을 처리해야 한다. 국정을 살피는 관리들은 어깨에 짊어지고 있는 책임의 무게를 더 깊이 느껴야 한다.

조비曹丕의 고사를 살펴보자. 위魏나라 왕 조조는 장자인 조비와 똑똑하고 문장이 뛰어난 조식 중 후계자를 누구로 간택할지 고심했다. 결국 장자라는 명분으로 조비가 선택되었고, 자신이 왕위 계승자라는 사실을 접한 조비는 너무 기뻐 후원에서 덩실덩실 춤을 췄다. 그러자 충직한 한 신하가 그에게 말했다.

"주군께서는 얼마나 막중한 책임을 짊어지셨는지 모르시는 겁니까? 왕위 계승자가 되었으니 더욱 신중하게 행동해야 하며 함부로 웃어서는 안 됩니다. 주군께서 웃으시는 건 천하를 다스리는 일을 놀이로만 생각하거나 개인의 체면과 명예를 높이는 일로만 보기 때문입니다. 천하를 다스리는 건 결코 개인의 일이 아닙니다."

비교적 단순한 업무를 처리하는 직업을 가진 사람들 중 많은 사람이 자신이 하는 일에 대해 경외심을 갖지 않고 있다. 때로는 자신의 업무를 수치스럽게 생각하는 사람도 있다. 일본 대기업의 창업주인 가기야마 히데사부로가 쓴 『머리 청소 마음 청소』라는 책이 있다. 연간 매출액이 1조 원에 육박하는 회사의 창업주가 전국의 학교와 공원 등의 화장실을 청소한 일이 알려져 더 유명해진 책이다. 그의 '화장실 청소하기' 운동은 경영인들과 자영업자 등 동참자가 10만 명을 넘어서기도 했다. 그는 고민이 있거나 슬럼프에 빠져 있는 사람들에게 어지럽고 지저분한 주변 환경부터 정리하라고 권한다. 청소를 하다 보면 복잡했던 자신의 마음도 정리된다며 '청소의 무한한 힘'을 역설했다. 그는 아주 작은 일에도 경외심을 가지고 대했다. 대기업 창업주가 화장실 청소 하나에도 정성을 쏟는다는 사실은 많은 이에게 감동을 주었다.

　나라를 다스리는 첫 번째 방법이자 원칙은 '경사이신', '경외심을 가지고 믿음 있게 일을 한다'는 것이다. 여기서 '믿음信'은 신하와 백성 사이에 공동의 목표를 갖는 것을 말한다. 전국시대 진秦나라 정치가 상앙商鞅은 권력을 잡은 뒤 변법變法을 실행하기 위해 백성들의 지지를 얻으려 했다. 상앙은 이를 위해 재밌는 이벤트를 마련했다. 함양성咸陽城 남문에 기둥을 세우고는, '누구든 이 기둥을 북문으로 옮기면 황금을 주겠다'고 했다. 기둥을 옮기는 일은

제1편 학이(學而) : 배움에 대한 '마인드 셋'이 천하를 다스린다

은 너무나도 쉬워 이런 하찮은 일로 정말 황금을 줄 리 없다고 생각한 백성들은 이벤트에 응하지 않았다. 그러던 중 누군가가 시험 삼아 기둥을 북문으로 옮겼고, 상앙은 실제로 그에게 황금을 하사했다. 그러자 백성들은 상앙을 신뢰하기 시작했다. 이런 단순한 일로 백성과 상앙의 신뢰 관계가 구축된 것이다.

다음에 나오는 "재물을 절약하고 사람을 아낀다"는 문장도 회사 운영에 중요한 관리 방법이다. 여기서 '재물을 절약'한다는 것은 회사 기금을 경제적으로 관리해 회사의 현금 흐름을 양호하게 유지한다는 뜻이다. 급속도로 성장하는 기업 중에서 대출이 기하급수적으로 늘어나 결국엔 도산하는 경우를 많이 볼 수 있다. 회사의 재물을 절약하지 않았기 때문이다. 남의 돈인 은행 자금을 빌려 막무가내로 투자하다가 수중에 돈이 남아 있지 않다는 사실을 뒤늦게 발견하는 것이다.

고대의 로마가 망한 이유도 지나친 사치 때문이었다. 스페인과 포르투갈 왕조도 모두 부유한 나라였지만, 지도층이 전쟁에만 돈을 써버리고 투자할 생각은 하지 않았다. 이에 점차 국력이 쇠퇴해졌고, 결국 네덜란드와 영국에 패권을 넘겨주어야 했다.

다음에 나오는 문장인 "사람을 아낀다"는 것은 백성을 대하는 마음 자세를 말한다. 이 문장을 듣고 반문하는 사람들도 있을 것이다. "사람이 중요한 건 당연한데 굳이 강조할 필요가 있을까?" 하고 말이다. 하지만 역사를 돌이켜보면 사람의 중요성을 쉽게 망각하는 지도자들이 많았다. 중세를 '암흑기'라 부르는 이유는 그 시대의 지도자들이 신의 뜻만 추구하고, 사람의 생명을 중요하게 생각하지 않았기 때문이다. 중세 유럽의 왕들은 걸핏하면 죄인들을 화형시키고, 능지처참하며, 광장의 사형식을 구경거리와 오락거리로 삼기도 했다. 왕권이나 신권에 도전하는 사람들에 대한 본보기를 보여주려 했던 것인데, 이와 같은 왕의 공포정치가 날이 갈수록 심해지자 백성들은 왕을 두려워하기보다는 그의 잔인성을 힐난했다.

인간의 폭력성에 대한 역사를 다룬 『우리 본성의 선한 천사The Better Angels of Our Nature』의 작가 스티븐 핑커Steven Pinker는 인류의 휴머니즘에 대해 말한다. 저자는 과학적인 방법론에 입각해 역사적 사례와 데이터를 보여주며, 인류는 지금까지 무수히 많은 폭력적인 사건을 겪어 왔지만, 폭력의 양은 점차 줄어들었다고 설명한다. 그는 인간의 선한 본성은 다른 모든 성향보다 강하기에 세계도 점차 인도주의적인 세상으로 진화했다고 말한다. 인간에게는 마땅히 다른 사람의 생명을 존중하는 선한 본성이 살아있다는 것이다.

공자는 2천여 년 전, "재물을 절약하고 사람을 아껴야 한다."며 인간의 선한 본성을 키우라고 말했다. 한 나라의 지도자들은 어떤 정책을 제정할 때 먼저 백성들이 어떻게 느낄지를 생각해 봐야 한다. 백성의 궁핍한 삶을 모르는 어떤 왕은 이런 말을 하기도 했다고 전해진다. "밥을 먹지 못했으면 고기 죽을 먹으면 되지 않느냐?" 물론, 극단적인 사례이지만 백성의 고통을 알지 못하는 위정자들은 현실과 동떨어진 정책을 펼치게 된다.

"재물을 절약하고 사람을 아낀다"는 문장이 가진 시대적 의미는 지금도 통용된다. 회사 경영진들은 일을 결정할 때 직원들에게 어떤 영향을 미칠지를 고려해야 한다. 경영진이 재무제표만 보고 회사의 원대한 이상만 강요하면 직원들은 회사를 떠나게 된다. 회사와 경영자, 직원들 모두 성장해야 성공할 수 있다.

마지막으로 "적절한 시기에만 백성을 부려야 한다"는 문장을 살펴보자. 고대의 나라들은 규모가 비교적 작고, 인구도 많지 않았다. 만약 궁을 확장하고 싶은 군왕의 마음속에 백성이 없다면 아무때나 백성들을 동원할 것이다. 농번기에 막무가내로 백성들의 노동력을 동원해 궁궐을 짓게 한다면 그 나라에는 기근이 생기게 된다. 공자는 백성의 노동력을 사용하지 말라고 한 것이 아니다. 농한기에 백성을 동원해 토목공사를 진행해야 하며, 백성에게 먹는 문제는 아주 중요한 만큼 백성들의 기본 생계를 침해해서는 안 된다는 의미이다. 이 문장의 핵심은 나라의 지도자가 마음속에 휴머니즘의 정신을 가지고 백성들의 고충을 고려해야 한다는 점에 있다.

　지도자의 자질은 무엇보다 중요하다. 공자와 맹자는 줄곧 윗사람이 백성을 중심에 두면 국가가 발전할 수 있다고 주장했다. 더욱이 공자보다 더 급진적이었던 맹자는 군주를 전복시킬 수 있는 대상으로까지 여겼다. 백성을 위하지 않는 군주는 폭군이나 다름없으니 쫓아내도 문제가 없다는 생각이다. 맹자보다 부드러웠던 공자는 전차戰車 천 대를 보유한 강대국을 다스리는 사람은 나랏일에 경외심을 가지고 믿음 있게 하며, 재물을 절약하고 사람을 아끼며, 적절한 시기에만 백성들의 노동력을 동원하고, 평시에는 백성을 혹사하거나 나라의 재정을 낭비해서는 안 된다고 지적했다. 이 점은 지금 이 시대에 기업을 운영하는 사업가에게도 해당된다. 창업자는 현금 흐름의 중요성을 인식하고 재물을 절약하고, 직원들의 성장을 생각하며 사람을 아껴야 한다.

우리 모두 함께 마음속으로 읊어보자. 훌륭한 리더의 덕목들이다. "세상만사 모든 일에 경외심을 갖자. 다른 사람들에게 신뢰감을 주고, 재물을 절약하자. 그리고 사람을 아끼는 마음을 갖자."

행유여력, 즉이학문 行有餘力, 則以學文

내 자식을 타인처럼, 타인을 내 자식처럼 대하라

◆

공자가 말하길 "제자는 집에 들어가서는 효도하고, 밖에 나와서는 공손하며, 행동을 조심하고 믿음 있게 하며, 널리 사람들을 사랑하고, 어진 사람을 가까이 사귀어야 한다. 이와 같은 걸 실천하고도 힘이 남는다면, 그 힘으로 문을 배워야 한다."

子曰 "弟子, 入則孝, 出則弟, 謹而信, 汎愛衆, 而親仁, 行有餘力, 則以學文."

자왈 "제자, 입즉효, 출즉제, 근이신, 범애중, 이친인, 행유여력, 즉이학문."

'제자弟子'는 젊은 청년, 어린아이, 또는 이제 막 공부를 시작한 사람으로 해석할 수 있다. 그리고 '집에 들어가서는 효도하고'는 자신의 성품을 수련하는 방법을 말한다. 이제 막 공부를 시작한 사람이 효로 자신의 성품을 수련한다는 의미가 무엇인지 살펴보자.

먼 곳에 있는 사찰까지 힘들게 찾아와 예불을 올리는 사람을 보고 승려가 다가와 물었다.

"먼 길까지 와서 예불을 들이는 이유가 무엇입니까? 부처는 선생님의 집에도 계시지 않습니까?" 그러자 참배객이 말했다. "집에는 불당도 없고, 부처도 없습니다." 승려는 그의 말에 이렇게 답했다. "집안에 앉아 계시는 분이 부처입니다. 부모님께 절을 하는 건 부처에게 절을 하는 것과 같습니다."

일부 젊은이들은 부모를 말이 잘 통하지 않는 상대로 생각한다. 인터넷이나 젊은이들 사이에서만 통하는 은어나 이야기들을 부모들이 쉽게 이해할 수 없는 것은 당연하다. 한마디로 세대 차이가 나는 것이다. 이런 경우 서로에게 상처 주는 말을 하며 불쾌한 감정을 드러내게 된다. 부모나 자식이나 모두 세대 차이를 인정하는 마음가짐이 필요하다. 특히 자식들은 부모에게 효도하고 공경하는 마음을 자기 수련의 방법으로 삼아야 한다.

두 번째 구절인 "밖에 나와서는 공손하며"의 뜻을 알기 쉽게 표현한 옛말이 있다. "집 안에서는 부모에게 의지하고, 집 밖에서는 친구에게 의지한다."는 것이다. 이 말은 집 밖에서는 부모를, 사회생활에서는 친구나 직장 동료들을 자아 수련의 대상으로 삼으라

나는 불안할 때 논어를 읽는다

는 뜻이다.

다음에 나오는 "행동을 조심하고 믿음 있게 한다"에서 '조심하다^謹'는 호언장담을 하거나 사실과 다른 이야기로 허풍을 떨지 않는 것을 말한다. 뒷부분의 '믿음 있게^信'라는 한자는 자신이 해야 할 것을 실천하는 것을 말한다. 그러니 "행동을 조심하고, 믿음 있게 한다"는 것은 다른 사람들에게 공손하고, 조심하고, 믿음을 주는 행동을 하라는 것이다.

이어서 "널리 사람들을 사랑하고 어진 사람을 가까이 사귀어야 한다"는 문장은 말 그대로 많은 사람을 사랑하고 덕행이 있는 사람과 가까이 지내라는 것을 말한다. 사랑은 인류의 선한 본성이다. 공자는 인간의 본성이 선하다고 생각했다. 하지만 세상일에 무관심하고 다른 사람들을 보살피지 않으면 아무리 본성이 선한 사람이라도 내면의 나쁜 기운이 강해지게 마련이다. 이기심에 빠져 자신만을 사랑하게 되고, 이익만 좇으며, 가족과 친구들을 힘들게 할 수 있다. 공자는 이를 예견하듯 더 많은 사람을 사랑하고, 다른 사람의 감정을 고려하기 위해 자신을 수련하라고 강조한다.

『논어강의』의 저자인 난화이진 선생은 청두^{成都}에서 겪었던 일을 소개했다. 선생은 청두의 선비 위안환셴^{袁煥仙} 밑에서 공부하며 그의 수석 제자가 되었다. 위완환셴 선생은 자신의 스승에 대한 이야기를 그에게 들려주었다. 자신이 '큰 스승'이라 불렀던 '장평츠張鳳箎' 선생의 아들과 만났던 이야기이다. 위안환셴 선생이 장평츠 선생의 아들에게 물었다.

"큰 스승님은 큰 업적을 이루신 분입니다. 큰 스승님이 일반 사람들과 다른 점이 무엇이라 생각하십니까?" 장평츠 선생의 아들이 대답했다.

"아버지는 일반 사람들과 다를 바가 없으십니다. 다만 아버지께서는 중생을 자식처럼 생각하시고, 자식을 중생처럼 생각하십니다."

내가 이 이야기에서 감동을 받은 부분은 장평츠 선생이 "중생을 자식처럼 생각했다"는, 도량이 넓은 마음에 관한 것이 아니다. 나는 "자식을 중생처럼 생각했다"고 했던 그의 엄격함에 마음이 흔들렸다. 다른 사람들을 자식처럼 대하는 것은 수련으로 도달할 수 있는 덕성이지만, 자식을 중생처럼 생각한다는 것은 보통 성인군자가 아니라면 도달하기 힘든 엄정한 경지이기 때문이다.

나는 장평츠 선생의 이야기를 듣고 반문해보았다. '내 아들을 중생처럼 대할 수 있을까?' 자신이 없다. 모든 부모에게 자식은 그 누구보다도 특별한 존재이기 때문이다. 하지만 공자가 말한 "널리 사람들을 사랑하고, 어진 사람을 가까이 사귀어야 한다"는 문장을 가장 정확하게 실천하려면 세상의 모든 사람을 가족처럼 사랑하고, 가족을 모든 사람처럼 차별 없이 대해야 한다. 그렇게 된다면 자연히 어진 사람들이 많아질 것이고, 널리 사랑한다는 덕목도 그만큼 지키기 쉬워질 것이다.

"널리 사람들을 사랑하고 어진 사람을 가까이 사귀어야 한다"는 공자의 말을 실천하려면 내면의 수련이 필요하다. 우리는 '어질다'를 두 가지 의미로 이해해볼 수 있다. 하나는 외부적으로 '널리 사람들을 사랑'하는 것이고, 다른 하나는 내적으로 '더 높고 완벽한 경지에 오르는 것'이다. 그러니 '집에 들어가서는 효도하고, 밖에 나와서는 공손하며, 행동을 조심하고, 믿음 있게 하며, 널리 사람들을 사랑하고, 어진 사람을 가까이 사귀어야 한다'라는 문장은 부모와 함께, 그리고 다른 사람과 일을 통해 자기 내면을 수련해 계속 발전해 나아간다는 것을 말한다. 수련의 장소는 일상의 공간이다. 옛날에는 유교를 배우려면 먼저 마당 청소부터 시작해야 했다. 마당을 깨끗하게 청소한 뒤에는 사람과 사물을 어떻게 대해야 하는지, 상대방에게 말을 어떻게 해야 하는지를 배우게 된다. 2, 3년 동안 이렇게 배운 후에야 비로소 유교 경전을 읽을 수 있었다.

마지막으로 "이와 같은 걸 실천하고도 힘이 남는다면, 그 힘으로 문을 배워야 한다"라는 문장은 앞에서 언급된 기본적인 일들을 제대로 하게 된 뒤에 배워야 한다는 뜻이다.

일상생활에서 수련할 부분을 어느 정도 정진했으면 다른 걸 추구해야 한다는 의미로, 이때에야 우리는 외부의 표현인 예절, 의로움, 어짊을 배울 수 있다.

공자는 배움의 목적을 강조했을 뿐만 아니라 배움의 내용도 꽤 상세히 설명했다. 공자가 가장 강조했던 것 중의 하나는 예절이다. 공자는 "예절을 배우지 않으면 바로 설 수 없다不學禮, 無以立."라며 예절 공부의 중요성을 강조했다. 그렇다고 예절의 중요성만 반복해서 주장했던 것은 아니다. 공자가 말한 여섯 가지 예절인 '육예六藝'는 기본적인 예절 교육 이외에 음악樂, 궁술射, 승마御, 글쓰기書, 수학數이 합쳐진 것이다. 특히 공자는 "시를 배우지 않으면 말을 할 수 없다不學詩, 無以言"고 말하며 『시경』의 중요성을 지적하기도 했다. 여섯 가지 예절 교육을 배워야 비로소 학문을 두루 갖춘 어른이 될 수 있는 것이다.

현현역색賢賢易色

외면의 집착을 버리고
내면에 집중하라

———◆———

자하가 말하길 "어짊을 어질게 하되 외면에 대한 관심과 바꾸고, 부모에게 효도함에 있어 힘을 다하며, 군주를 섬김에 있어 몸을 바치고, 친구를 사귐에 있어 말에 신뢰가 있다면, 비록 배우지 않았더라도 나는 그를 배운 사람이라 말하겠다!"

子夏曰 "賢賢易色: 事父母能竭其力, 事君能致其身, 與朋友交, 言而有信. 雖曰未學, 吾必謂之學矣!"

자하왈 "현현역색: 사부모능갈기력, 사군능치기신, 여붕우교, 언이유신. 수왈미학, 오필위지학의!"

위의 문장은 공자가 노魯나라로 돌아간 뒤에 거둔 어린 제자 자하子夏가 한 말이다.

제1편 학이(學而): 배움에 대한 '마인드 셋'이 천하를 다스린다

첫 구절인 "현현역색"은 의견이 분분하다. 한자 '색色'의 모호한 뜻 때문이다. '색'하면 쉽게 떠오르는 것이 여자와 관련된 이야기들이다. "현현역색"을 '여자를 멀리하고 어진 사람을 좋아하라'라고 해석하는 사람들이 있다. 이런 해석은 좀 터무니없다. 자하가 아무런 맥락 없이 갑자기 여자 이야기를 꺼냈다는 점이 너무 뜬금없기 때문이다. 나는 '색'을 여자가 아닌 '외면'으로 해석한다. 실제로 고문에서 '색'이란 단어는 외면의 무엇을 대표하는 단어로 사용되는 경우가 많다. 예를 들면 공자가 말한 '색난色難'처럼 말이다. '색난'은 자식이 늘 부드러운 얼굴빛으로 부모를 섬기기는 어려움을 일컫는 말이다. 그래서 자하의 첫 구절은 "어짊은 어질게 하되 외면에 대한 관심과 바꾸고"라고 풀이할 수 있다.

다음으로 어짊에 대해 살펴보자. "어짊을 어질게 하되 외면에 대한 관심과 바꾸고"에서 첫 번째 등장하는 '어짊賢'은 존경을 뜻하는 동사로 보고, 두 번째 '어짊賢'은 덕행을 뜻하는 명사로 해석하자. 그리고 '바꿀 역易'은 동사 바꾸다로 해석하고 '색'은 앞에서 말했듯이 외관을 뜻하는 명사로 풀이한다. 그러니 '역색'은 '외면에 대한 관심을 바꾼다'로 이해할 수 있다. 종합해보면 "현현역색"은 '지나치게 외면의 것에 치중하지 말고, 내면의 아름다움에 관심을 가지라'는 의미가 된다.

사람들은 겉모습으로 다른 사람을 쉽게 평가한다. 예를 들어 어떤 옷을 입었느냐에 따라 바라보는 시선이 달라지고, 그 사람의 장단점이 평가된다. 나는 패션에 대해서 별로 관심이 없는 편이다. 여름에는 그저 편하고 저렴한 티셔츠를 골라 입고, 브랜드 같은 건 신경 쓰지 않는다. 하지만 반대로 브랜드를 너무 따지는 사람들이 있다. 명품에 중독된 사람들은 평범한 옷을 입으면 그 사람의 품격이 낮다고 생각한다. 이런 사람들은 인간관계를 맺을 때도 패션 브랜드를 살펴본 뒤 누구와 친하게 지내고 누구를 멀리할지를 판단하기도 한다. 이것이 바로 자하가 걱정한, 지나치게 외면을 중시한 경우라 할 수 있다. 내면에 관심을 기울여 외면에 대한 집착을 바꿀 수 있어야 한다.

다음으로 "부모에게 효도함에 힘을 다한다"는 말은 부모에게 효도하기 위해 모든 힘을 쏟아서 노력한다는 의미이다. 이어지는 구절 "군주를 섬김에 있어 몸을 바친다"는 말은 희생정신을 가지고 군주를 대해야 한다는 뜻이다. 다만 자하의 말을 현대적으로 해석한다면 '군주'를 사람이 아닌 '회사'로 생각해도 괜찮겠다.

다음 구절을 살펴보자. "친구를 사귐에 있어 말에 신뢰가 있다"는 문장을 이해할 때 친구에 국한하지 말자. 가족과 친척 관계에서도 말에 신뢰가 필요하다. 그래서 마지막 부분의 구절은 '가족과 친척, 그리고 친구와의 관계를 원활하게 처리할 수 있는 사람은 비록 배우지 않았더라도 배운 사람이라 말할 수 있다'고 자하가 평가한 것이다.

　자하가 말한 "현현역색"의 문장은 학습 태도에 대한 설명이기도 하다. 공부의 목적은 지식을 습득하는 것이 아니라 사람됨을 배우는 것이다. 나 역시 자하의 충고를 떠올리며 공부를 시작하는 사람들에게 학력이 부족한 것을 걱정하지 말고, 학습의 목표를 너무 좁게 보지 말 것을 조언한다. 언젠가 한 친구가 나에게 아이 교육에 대한 하소연을 한 적이 있다. 학교에서 연락이 왔는데 아이가 배가 너무 아프다고 해 조퇴를 시키려 한다는 것이었다. 아이의 엄마는 동의했지만 아빠는 수업을 빼먹어서는 안 된다며 반대를 했다. 이는 아빠가 공부를 단순히 지식의 습득 과정으로 생각해 학교 수업에 지나치게 집착했기 때문이다.

　사실 학교 수업이 지식 습득의 가장 효과적인 방법이라고 볼 수는 없다. 어떤 학부모들은 학교 교육이 아이들이 이미 알고 있는 내용을 설명할 뿐이라며 시간 낭비라고까지 주장한다. 단순히 지식 습득에 초점을 맞춘다면 사설 학원이 더 효과적일 것이다. 학교는 지식 습득을 넘어서 사람됨을 가르치는 기관이다. 똑똑한 학생들이 모여 있다는 명문학교가 사람됨을 잘 가르치는지는 한 번쯤

나는 불안할 때 논어를 읽는다

따지고 가야 할 문제이다.

자하의 말로 다시 돌아가 보자. "부모에게 효도함에 힘을 다하며 군주를 섬김에 있어 몸을 바친다"라는 말은 상당히 보수적으로 들린다. 자하는 '효도'에 대한 절대적인 기준을 정하지 않았다. 부모에게 안락한 생활을 할 수 있도록 금전적인 지원을 하는 것이 효도일까? 물질적인 원조가 효도의 전부는 아닐 것이다. 옛날 사람들은 사람마다 처한 환경이 다르다는 것을 인정했다. 선행 중에서 효도가 제일이지만, 그 마음만 언급하고 행적은 언급하지 말아야 한다. 행적을 언급하게 되면 가난한 집안에는 효자가 있을 수 없기 때문이다. 선행과 효도는 겉으로 드러난 행동보다는 그 마음을 보아야 한다. 반면 선행과 악행의 판단 기준은 반대이다. 만약 악행을 저지를 마음을 품었다는 이유로 나쁜 사람으로 단정해 버린다면 세상에 과연 선한 사람이 존재할 수 있을까?

옛사람들의 지혜는 뛰어났다. 그들은 지나치게 가혹하지 않고, 최대한 객관적인 조건에서 행동의 평가 기준을 설정했다. 그리고 가장 중요한 평가의 기준은 어짊과 같은 인간의 내면과 본성이었다.

부중즉부위 不重則不威

진중함과 위엄이 가진 위력

---◆---

공자가 말하길 "군자가 진중하지 않으면 위엄이 없으니 학문도 견고할 수 없다. 충성과 믿음을 중시하며 자신보다 못한 사람은 사귀지 말고, 잘못이 있으면 고치기를 꺼리지 말아야 한다."

子曰 "君子不重則不威. 學則不固. 主忠信. 無友不如己者. 過則勿憚改."

자왈 "군자부중즉불위. 학즉불고. 주충신. 무우불여기자. 과즉물탄개."

이 문장은 『논어』에서 가장 유명한 문장이자 가장 해석하기 힘든 문장이다. 유학을 공부하던 옛사람들도 이 문장을 설명하는데 쩔쩔매었다.

공자가 말한 "군자가 진중하지 않으면 위엄이 없다"는 구절에서 진중으로 해석된 무거울 '중重'은 위엄이 있고 점잖다는 뜻이 있다. 나는 이 문장이 공자의 인격을 가장 적합하게 묘사한다고 생각한다. 공자의 제자 중 가장 잘 생겼다고 알려진 자장子張은 공자를 "바라보면 엄숙하고, 가까이 가면 온화하다望之儼然, 卽之也溫."고 말했다. 진중한 모습의 공자는 멀리서 바라보면 가까이 다가갈 엄두가 나지 않을 만큼 거리감이 느껴졌지만, 막상 가까이 다가가 만나면 친근하고 따뜻한 사람이었다는 뜻이다.

그렇다면 공자가 이야기한 '위엄과 진중함'의 숨겨진 의미는 무엇일까? 나는 자신만의 원칙과 입장이라고 생각한다. 가장이 되거나 직장에서 요직에 오르는 30, 40대가 되면 자신의 확고한 원칙과 입장이 필요하다. 담장 위에 자란 풀처럼 뿌리를 제대로 내리지 못해 바람에 따라 이리저리 흔들려서는 안 되는 것이다.

『도덕경道德經』에서 노자老子는 "무거움은 가벼움의 뿌리이고, 고요함은 시끄러움의 군주이다重爲輕根, 靜爲躁君."라고 말했다. 사람됨이 진중해야 비로소 제대로 설 수 있고, 평온하고 침착해야 힘을 가질 수 있다. 시끄럽게 놀리고 서로 싸우는 상황에서 줄곧 말이 없던 사람이 입을 열면 모두가 집중하는 경우가 있다. 좀처럼 입을 열지 않았던 그의 진중함을 존경하기 때문이다.

자신만의 원칙과 입장을 갖기 위해 우리는 어떤 태도를 취해야 할까? 외부 상황에 쉽게 흔들리지 않아야 한다. 살면서 우리는 여러 가지 유혹을 겪게 된다. 예를 들어 누군가가 당신에게 이런 제안을 한다고 생각해보자. "돈을 줄 테니 이 일을 해줘. 이 일을 하면 너에게도 이익이 생길 거야." 이런 말을 들었을 때, 자신만의 원칙과 입장이 없다면 유혹에 쉽게 넘어가게 될 것이다. 물론 아무런 욕심이 없는 사람이 되라는 것은 아니다. 그리고 모든 욕심을 버린다는 것도 불가능하다. 하지만 작은 유혹에는 휘둘리지 말아야 한다. 사람이 악행을 저지르고 인품이 망가지게 되는 이유는 사소한 유혹에 휘둘려 근본을 잃고 원칙을 버리기 때문이다.

다음에 이어지는 "학문도 견고할 수 없다"라는 구절은 "신중하지 않으면 위엄이 없다"와 함께 이해해야 한다. 학문이 견고할 수 없다는 것은 유혹에 직면했을 때 쉽게 흔들리게 된다는 말이다. 송宋나라 시인 소동파蘇東坡는 '팔풍취부동八風吹不動'이라고 말했다. 여기서 팔풍八風은 비방과 찬양을 의미한다. 외부에서 들려오는 유언비어나 찬양은 모두 바람과 같기 때문이다. 바람처럼 쉴 새 없이 유혹이 불어와도 자아를 지키며 흔들리지 않으려면 어떻게 해야 할까? 자신의 철학이나 가치관이 없다면 『논어』를 전부 외우고 있다고 하더라도 유혹, 비평, 칭찬, 압력에 흔들려 자신의 원칙과 입장을 바꾸게 될지도 모른다.

  "학문도 견고할 수 없다"에서 견고하다는 의미의 '고固'는 흔히 미련하고 융통성이 없는 것을 뜻한다. 하지만 공자가 말한 '고'는 내면의 견고함을 말한다. 즉, 학문이 인생의 일부분이 될 수 있는지의 여부를 말하는 것이다. 공자의 『논어』를 읽든, 노자의 『도덕경』을 읽든 상관없다. 중요한 것은 학문이 단순히 공염불에 그치지 말아야 한다는 것이다. 공염불은 입으로만 반복해서 외울 뿐 마음으로는 이해하지 못하는 것을 말한다. 학문의 성과는 책 속에 담긴 지혜를 파악하고 깊이 체득해 삶을 바꿀 수 있느냐에 달려 있다.

  가장 인기 있는 고대의 문인을 뽑는다면 가장 상위에 오를 사람은 소동파, 도연명陶淵明일 것이다. 이들이 지금까지도 많은 사랑을 받는 이유는 단순히 그들의 작품이 뛰어나서가 아니다. 작품 속에 인생, 품격, 가치관이 담겨 있기 때문이다. 훌륭한 작가는 자신이 쓴 글과 본인의 삶이 일치되는 사람이다. 작가는 몸소 행동으로 자신의 작품이 가진 의미를 증명할 수 있어야 한다. 『소동파전蘇東坡傳』을 통해서 우리는 소동파가 평생 떳떳하고 공명정대한 삶을 살았다는 것을 알 수 있다. 그리고 도연명은 휴머니스트였다. 그는 자신의 수발을 들던 종을 다른 사람에게 보내면서 그의 안위가 걱정되어 "그도 사람의 자식이니 잘 대해주어야 한다此亦人子也, 可善遇之"라고 편지를 썼다. 신분의 높고 낮음을 떠나서 종도 엄연히 한 집안의 귀한 자식이니 아끼고 존중해주어야 한다고 말한 것이다. 도연명과 소동파처럼 배운 것을 자신의 인생 가치관이나 행동에 일치시키는 것을 '견고하다'라고 말할 수 있다.

다음 문장을 살펴보자. "충성과 믿음을 중시하며 자신보다 못한 사람은 사귀지 말고"에 대한 해석은 공자의 말 중에서 논쟁이 가장 많은 문장이다. 자신보다 못한 사람과 사귀지 않는 것은 어진 태도가 아닌 것 같기 때문이다. 그래서 현대 중국 문학을 대표하는 『아Q정전』의 작가 루쉰魯迅 선생은 공자의 이 말을 강력하게 비판했다. 그는 '자신보다 못한 사람과 사귀지 않으려 하는 건 잇속에 따른 행동'이라고 말했다. 그리고 공자의 논리는 이치에 어긋난다고 지적한다. 공자의 말을 따른다면 자신보다 나은 사람은 굳이 자신과 친구가 되려 하지 않을 것이고, 반대로 자신보다 못한 사람은 사귀지 말라 했으니 결국 누구와도 친구가 될 수 없기 때문이다.

나는 '자신보다 못한 사람은 사귀지 말아야 한다'라는 문장이 소동파와 도연명이 파악한 것처럼 문장에 적혀 있는 그대로의 의미라고 생각한다. 다만 차이점이 있다면 나는 '사귐友'이라는 문자를 능동적으로 사귀라는 뜻으로 이해하고 있다. 그래서 이 문장의 의미는 '뛰어난 사람과 사귀기 위해서는 능동적이고 자발적으로 노력해야 된다'는 뜻이 된다.

　공자는 멀리 낙양洛陽까지 찾아가 노자의 가르침을 청하고 사귀었으며, 그를 존경하기까지 했다. 다만 운명이 가져다주는, 자기보다 못한 친구를 내칠 필요는 없다. 자신보다 뛰어난 사람과 사귀려고 노력하면 그만이다. 그래야 뛰어난 사람들의 사상과 학문에 영향을 받아 자신을 계속 발전시킬 수 있다. 따라서 "자신보다 못한 사람과 사귀지 말고"라는 공자의 말은 친구 관계를 향상시키는 방법에 대한 이야기이다. 사람이 평생 사귈 수 있는 친구의 수는 한정되어 있다. 따라서 우리는 자신을 계속 발전시키기 위해 의식적으로 인품과 지조, 그리고 교양을 두루 겸비한 사람과 가까이 지내야 한다는 점을 공자가 알려주고 있는 것이다.

　주나라의 유학자 순자荀子의 〈권학勸學〉에는 이런 말이 있다. "쑥이 삼밭에서 자라면 붙잡아 주지 않아도 곧게 자란다蓬生麻中, 不扶而直." 쑥은 줄기가 약해서 비스듬히 자란다. 하지만 순자는 삼밭에서 쑥이 자라면 곧게 자랄 수 있다고 말한다. 이는 주변 환경의 중요성을 강조한 이야기이다. 성장기에는 무엇보다 주변 환경의 영향을 많이 받는다. 비록 타고난 재주가 없더라도 주위에 비범한 친구들이 많으면, 그들을 따라 어느 정도 실력을 갖춘 인물로 성장해 나갈 수 있는 것이다.

마지막 구절을 살펴보자. "잘못이 있으면 고치기를 꺼리지 말아야 한다"에서 '꺼린다'로 해석된 '탄彈'은 '피한다'는 의미이다. 실수를 항상 마음에 품고 있어서도 안 되지만 회피하려 해서도 안 된다. 우리는 실수했을 때 혼자서 화를 내거나 그 과오를 빨리 모면하려는 경향이 강하다. 『마인드셋』의 저자는 '실수는 학습의 기회'라고 강조했다. 한 번의 실수를 그냥 넘기지 말고 학습해야 또 다른 실수를 반복하지 않게 된다. 실수가 클수록 더 많은 대가를 치러야 된다는 것을 명심해야 한다.

직장 생활에서 가장 불행한 일 중의 하나는 자신은 실수하지 않는다고 생각하는 상사 밑에서 일하는 것이다. 상사가 '나는 지금껏 실수한 적이 없었으니, 문제가 있다면 다른 사람의 문제야'라고 주장한다고 생각해보자. 그렇게 다른 직원에게 계속 문제의 책임을 전가한다면 언젠가는 상사는 돌이킬 수 없는 최악의 실수를 저지르게 된다. 또 상사가 회사의 전략 방향을 잘못 설정해도 그런 상사에게는 아무도 의견을 제시하려 하지 않을 것이다. 경영자는 자신의 과오를 용감히 인정할 수 있어야 한다.

신종추원愼終追遠

우주의 무한함, 삶의 유한함을 깨달을 때 마음이 온화해진다

---◆---

증자가 말하길 "마지막을 신중히 하고 멀리까지 추구
하면 백성의 덕이 후함으로 돌아간다!"
曾子曰 "愼終追遠, 民德歸厚矣!"
증자왈 "신종추원, 민덕귀후의!"

"마지막을 신중히 하고"라는 구절은 '엄숙한 죽음'을 말한다.
우리는 왜 엄숙하게 죽음을 맞이해야 할까?

『죽음 너머穿越死亡』라는 책은 소금병과 후추병으로 삶과 죽음의
이치를 설명한다. 식탁 위에 후추병과 소금병으로 출생의 시간과
사망의 시점을 양쪽으로 표시해보자. 그리고 자신이 그사이 어디
쯤 있는지 포크를 놓아보자. 가령 40세의 사람이 80세까지 산다

고 가정한다면 포크는 중간에 놓일 것이다. 이렇게 자신의 삶이 어디쯤 왔는지 표시하게 되면 죽음이 멀지 않다는 걸 인식하게 될 것이다. 죽는다는 것은 당연히 두려운 일이다. 그렇기에 생명의 마지막을 맞이하는 방법은 아주 중요하다. 죽음에 대해 생각하는 것은 흘러가는 시간을 소중하게 생각하고, 현재의 삶을 진지하고 엄숙하게 대할 수 있게 해준다. 결국 죽음은 아이러니하게도 이런 고민의 시간을 통해 우리 삶의 질을 높여준다고 할 수 있다.

"멀리까지 추구하면"이라는 구절은 자신은 물론 '조상의 역사를 이해하는 것'이다. 공자는 제사를 중요하게 생각했다. 국가를 다스리는 방법의 일환으로 제사를 잘 지내야 한다고 말했다. 조상들에게 예를 표한다는 것은 나라의 역사를 알아가는 과정으로도 볼 수 있다. 자신의 국가와 민족, 그리고 가족이 어떤 역사를 가졌는지 알아둘 필요가 있는 것이다. 그렇다면 우리는 역사의 어느 시점까지 거슬러 올라갈 수 있을까?

인류의 역사를 다룬 『빅 히스토리Big History: Between Nothing and Everything』라는 책이 있다. 이 책은 인류를 너머 지구와 우주의 역사를 조망했다. 우주의 빅뱅을 시작으로 지구와 생명과학, 인류까지 아우르는 드넓은 분야의 역사를 폭넓게 다룬 『빅 히스토리』를 읽고, 나는 인류가 운명공동체라는 생각을 했다. 중국과 미국을 비롯해 모잠비크, 나미비아 등 지구에 있는 모든 국가는 형제자매이며 결국 하나이다. 왜냐하면 우리는 모두 우주 대폭발로 생겨났기 때문이다.

우주의 발단은 노자가 말한 "무에서부터 생겨난다無中生有."라는 말과 일맥상통한다. 우주의 대폭발로 가장 단순한 원소인 수소와 소량의 헬륨이 출현했고, 그 후 산소가 생성됐다. 그런데 산소에는 독소가 있다. 사과가 썩는 것은 산소에 있는 독소가 산화하기 때문이다. 산소의 독소에 서서히 적응한 인류와 동물들은 지구에서 생존하게 된 생명체이다. 함께 적응하며 살게 된 이들은 당연히 하나의 공동체를 이루며 살 수밖에 없는 것이다.

우리가 우주 대폭발을 공부한다는 것은 '멀리까지 추구한 것'이라 할 수 있다. 이렇게 먼 역사를 배우면 마음과 시야가 넓어진다. 시야가 좁은 사람은 주변 사람들을 적대시하고 고통과 갈등을 해결할 방법을 찾지 못하게 된다. 하지만 '멀리까지 추구'하는 마음은 시야를 넓혀 준다.

이처럼 우리가 미래와 과거에 대한 지식을 진지하게 배우려 한다면 무엇이 바뀔까?

증자는 "백성의 덕이 후함으로 돌아간다"고 말했다. 여기서 후함에서 '후厚'를 온후溫厚로 해석하는 경우가 많다. 나는 이를 편향적인 해석이라고 생각한다. 그렇게 해석한다면 모든 사람이 온화하고 충직하게 변해야 한다고 세뇌하는 말이 될 수 있기 때문이다. 그래서 나는 '후함'을 '중후重厚'의 의미로 보고, 민심이 성실, 착실, 소박, 근면하게 변한다는 뜻으로 해석한다. 민심이 이렇게 변할 때 사람들은 노동의 가치를 믿고, 자연의 법칙을 두려워할 것이다. 편법을 사용해 자신이나 다른 사람을 속이지 않게 될 것이다.

그렇다면 후함의 반대는 무엇일까? 바로 경박함이다. 만약 백성의 덕이 경박해진다면 재물과 명성만 좇아 전체 사회가 무질서하게 변할 것이다. 백성의 덕이 후함으로 돌아가 사람들의 인품과 덕성이 풍성해지고, 마지막을 신중히 하고 멀리까지 추구하려면 삶의 유한성을 깨달아야 한다. 그리고 역사를 계승해야 할 책임과 미래를 예견하는 지혜가 필요하다. 이 두 가지 측면을 두루 살피며 진지하게 연구하고 실천해야 비로소 민족 전체가 번영할 수 있다. 이것이 바로 증자의 "마지막을 신중히 하고 멀리까지 추구하면 백성의 덕이 후한 곳으로 돌아간다."라는 말에 담긴 핵심 의미이다. 이것이 바로 휴머니즘 정신이다.

온, 량, 공, 검, 양 溫, 良, 恭, 儉, 讓

평생 지향해도 얻지 못할
공자의 다섯 가지 덕목

———— ◆ ————

자금이 자공에게 묻기를 "스승님께서는 한 나라에 도착하면 반드시 그 나라의 정사를 듣는데 구해 들으시는 것입니까? 아니면 주어서 듣게 되시는 겁니까?"

자공이 대답하길 "스승님이 온, 량, 공, 검, 양으로 얻으시는 것이다. 그러니 스승님이 구하시는 것은 다른 사람이 구하는 것과는 다르지 않겠느냐?"

子禽問於子貢曰 "夫子至於是邦也, 必聞其政, 求之與? 抑與之與?"

子貢曰 "夫子溫, 良, 恭, 儉, 讓以得之. 夫子之求之也, 其諸異乎人之求之與?"

자금문어자공왈 "부자지어시방야, 필문기정, 구지여? 억여지여?"

자공왈 "부자온, 량, 공, 검, 양이득지. 부자지구지야, 기저이호인지구지여?"

제1편 학이(學而) : 배움에 대한 '마인드 셋'이 천하를 다스린다

공자의 제자, 자금과 자공이 당시의 시대 분위기를 느낄 수 있는 이야기를 나누고 있다. 이 대화를 기록한 문장은 『논어』에서 가장 유명한 것 중의 하나로 손꼽힌다.

소인의 마음을 갖고 있는 자금子禽은 군자의 마음을 추측하는 내용의 질문을 한다. 자금은 실용주의적인 관점을 지닌 인물로 스승인 공자를 대단한 사람이라 생각하지 않았다. 자금은 공자와 사이가 가까웠던 자공에게 다음과 같이 질문한다.

"스승님이 정鄭나라, 위衛나라, 제齊나라 등 다른 나라를 방문하면 권력을 가진 사람들이 함께 국사를 의논하고 사회의 갈등을 해결할 방법을 묻는데, 스승님이 구해서 듣는 것입니까? 아니면 다른 사람들이 자발적으로 찾아오는 것입니까?"

지금 상황에 맞게 대화 내용을 각색해본다면 다음과 같을 것이다. "교수님의 성과를 홍보하는 담당자가 따로 있습니까? 아니면 교수님 스스로 기업가들을 찾아다니며 본인의 연구를 뽐내는 것입니까? 기업가들이 정말 교수님을 존경하는 것이 맞습니까? 그렇지 않다면 어째서 기업가들이 교수님의 방문을 매번 환영할 수 있습니까?" 공자의 경지를 이해하지 못했던 자금의 질문에 자공은 뭐라고 대답을 해야 옳을까?

나는 불안할 때 논어를 읽는다

언변이 유창하고 외교적 수완이 뛰어났던 자공은 "온, 량, 공, 검, 양으로 얻으시는 것이다."라는 적절한 대답을 찾았다. 사람들이 공자를 존중했기 때문에 그에게 가르침을 청하고 국사를 상의하려 하는 것이지, 금전을 제공하거나 파벌을 사용하거나 자신을 홍보해서 얻어낸 것이 아니라는 이야기이다.

공자는 온, 량, 공, 검, 양한 사람이었다. '온溫'은 온화하다는 뜻으로 극단적인 행동을 하지 않는 것을 말한다. 유명해지고 싶어서 극단적인 방법을 사용하는 사람들이 있다. 가장 쉽게 남들 눈에 띄는 방법은 다른 사람을 비방하는 것이다. 사회적으로 존경받는 사람을 비판하면 사람들의 시선을 끌 수 있기 때문이다.

'량良'은 선량하다는 의미이다. 다른 사람을 상냥하게 대하며 적대하지 않는 것을 말한다. 그리고 '공恭'은 공손하다는 의미로 함부로 허풍을 떨거나 앞에 나서지 않는 것을 뜻한다.

여러 나라를 돌아다니던 공자가 위나라에 갔을 때의 일이다. 위나라 군주 영공靈公이 공자에게 용병술과 전투 방법에 관해 물었다. 공자의 대답은 이러했다.

"군대 일은 아직 배우지 못했습니다軍旅之事, 未之學也." 공자는 제사와 관련된 일만 공부해서 싸움에 관해서는 알지 못한다고 말했다. '공'은 이렇게 모르는 것은 솔직하게 모른다고 말하는 것이다.

'검儉'은 검소해서 사치를 부리거나 가식을 부리지 않는 것을 말한다. 그리고 '양讓'은 겸양하다는 의미이다. 공자는 정적과 첨예한 갈등을 빚은 적이 거의 없었다. 공자는 사람들이 자신을 비방하거나 무시하거나 신뢰하지 않아도 아무 말도 하지 않았다. 그저 그 자리를 떠나 다른 곳으로 이동했을 뿐이다. 공자는 자기 삶의 리듬을 가진 사람이었고, 무엇도 구하지 않았다.

'온, 량, 공, 검, 양'의 의미를 살펴보니 다음과 같은 말이 떠오른다.

"군자는 온화하게 지내며 천명을 기다리고, 소인은 험하게 행동하며 요행을 바란다君子居易以俟命, 小人行險以僥幸."

공자의 행동과 품행은 '온화하게 지내며 천명을 기다리는 군자'와 닮았다. 온화함, 선량함, 공손함, 검소함, 겸양함을 지키는 것을 원칙으로 삼아, 매일 자신의 일을 묵묵히 해나가자. 무엇을 얻을 수 있을지는 천명에 맡기는 것이다. 그것이 바로 군자의 모습이다.

공자는 우리가 상상한 것보다 더 많은 것을 이루었던 사람이다. 그리고 공자는 그가 뜻하는 바를 성취하기 위해서 자신의 원칙을 배신하지 않았다. 자존심을 지키면서도 자신이 하고 싶은 일을 할 수 있었던 공자는 어떤 과업을 이루려면 인간의 한계를 확장하고, 시야를 넓혀야 한다는 것을 우리에게 가르쳐준다. 여러 나라를 돌아다니며 풍부한 경험을 쌓은 공자는 이렇게 자신의 원칙을 배반하지 않고, 온화함, 선량함, 공손함, 검소함, 겸양함을 유지하며 뜻하는 바를 이룰 수 있었다. 역사는 그의 이름을 기억하고, 미래에도 그러할 것이다.

공자의 능력과 성품을 익히 알고 있는 자공은 자금의 질문에 대한 답변을 질문으로 받아친다. "스승님이 구하시는 것은 다른 사람이 구하는 것과는 다르지 않겠느냐?"

이 질문에 자금이 무슨 말을 더 이상 할 수 있겠는가?

두 제자의 대담을 제대로 이해한다면 우리가 어떻게 살아야 하는지를 알 수 있다. 논어의 이 구절은 나에게도 큰 영향을 준 문장이다. 우리는 항상 자신에게 충실하고 더 좋은 사람이 될 수 있도록 매일 노력해야 한다. 그리고 나머지는 순리에 맡겨야 한다. 외부의 욕망은 항상 존재한다. 충분한 재물과 명성을 다 가진다고 해도 내면의 욕망은 사라지지 않을 것이다. 온화함, 선량함, 공손함, 검소함, 겸양함은 개인에게 가장 값어치가 높은 덕목들이다. 눈앞에 이익을 위해 우리는 내면의 것을 버려서는 안 된다.

공자의 이러한 처세 원칙은 노자의 말과 일맥상통한다. 노자는

제1편 학이(學而) : 배움에 대한 '마인드 셋'이 천하를 다스린다

이렇게 말했다.

"자기 몸을 뒤로 해도 몸이 앞서고, 자기 몸을 소외시켜도 존재한다後其身而身先, 外其身而身存."

조급해하며 무엇이든 싸워서 얻으려 하면 결국에는 씁쓸한 결말을 맞이하게 된다. 싸우길 좋아하는 사람은 마음이 항상 초조하고 부정한 수단을 쓰기 쉽다. 그리고 목적을 달성하기 위해 태도를 자꾸 바꾸다 보면 적이 많아지는 법이다. 공자의 행동은 시야를 더 넓히는 것이었고, 이는 노자의 원칙과도 같았다.

삼년무개어부지도 三年無改於父之道

대대로 이어진 가업보다
가훈을 간직하라

◆

공자가 말하길 "아버지가 살아 계실 때는 그 뜻을 관찰하고, 아버지가 돌아가신 뒤에는 그 행동을 관찰해라. 3년 동안 아버지의 도를 바꾸지 않는다면 효라고 말할 수 있다!"

子曰 "父在觀其志, 父沒觀其行. 三年無改於父之道, 可謂孝矣!"

자왈 "부재관기지, 부몰관기행. 삼년무개어부지도, 가위효의!"

논쟁이 많은 문장이다. 아버지가 살아계실 때, 자식이 아버지로 인해 행동의 제약을 받을 수도 있다고 해석될 수 있기 때문이다.

옛날에는 자식이 아버지의 사업을 물려받는 것이 일반적이었다. 그래서 아버지가 살아 계실 때는 아버지에게 행동을 제약받으므로 행동이 아닌 뜻을 보아야 하고, 아버지가 돌아가신 뒤에는 행동을 보아야 한다고 말한 것이다. 그렇다면 무슨 기준으로 보아야 할까? 문장의 뒷 구절인 "3년 동안 아버지의 도道를 바꾸지 않는다"는 것은 아버지가 돌아가신 뒤에도 여전히 아버지의 길을 따를지 지켜보는 것을 말한다. 즉, 아버지에게 배운 삶의 원칙을 지킨다면 효성스럽다고 할 수 있다.

송나라 휘종徽宗은 이 말을 곧이곧대로 지켰다. 아버지인 신종神宗에게 황위를 물려받은 철종哲宗이 젊은 나이에 사망하자 동생인 휘종은 급작스레 황제가 됐다. 황위에 오른 휘종의 머릿속에는 "3년 동안 아버지의 도를 바꾸지 않는다면 효자라 말할 수 있다"는 말이 계속 맴돌았던 것인지 아버지가 펼쳤던 정책들을 계속 이어나갔다. 하지만 고지식한 철칙만 지키며 아버지의 법을 따르는 극단적인 노선을 취했던 결과, 송은 결국 파멸에 이르게 된다.

휘종의 사례처럼 "3년 동안 아버지의 도를 바꾸지 않는다"를 고지식하게 있는 그대로 해석한다면 변화를 거부하고 옛것만 따를 수밖에 없다. 하지만 옛날 방식만 고집하면 빠르게 변화하는 인터넷 시대에 적응할 수 없을 것이다. 시대에 맞는 새로운 해석이 필요하다. 그래서 나는 '도'를 추상적인 것으로 이해한다. 예를 들면 집안에 전해져 오는 가풍, 가훈, 가치관 같은 것들이다. 새로운 시대의 흐름을 이해하지 못하는 부모라도 사람을 속이지 말고, 정직한 사람이 되어야 한다는 교훈이나 가훈은 충분히 자식들에게 전수할 수 있기 때문이다.

위 문장을 자세히 이해하기 위해 공자가 살았던 시대적 배경을 다시 살펴보자. 당시에는 집안의 가업을 전수받는 것이 당연한 일이었다. 아버지가 대장장이면 아들도 대장장이다. 유럽의 철학자 칸트Immanuel Kant의 가족들은 모두 마구馬具를 만드는 장인들이었다. 당시의 장인들은 길드나 노동조합에 가입해야 했고, 한 지역의 점포의 개수를 엄격히 제한했다. 장인의 자식들은 똑같은 다른 장인들의 집안과 결혼해야 했으며, 이 원칙은 수백 년이 지나도 변하지 않았다. 옛시대에 직업을 바꾼다는 것은 대대로 내려온 가족의 기술을 잃어버린다는 것을 의미했다. 예를 들어 마을 전체가 사용하는 말안장을 제작하는 집에서 자식이 가업을 물려받지 않는다면 마을 전체가 말안장을 구하지 못했다. 따라서 공자가 말한 "3년 동안 아버지의 도를 바꾸지 않는다"는 말은 분명 아버지의 직업과 관련이 있을 것이다. 하지만 오늘날 우리는 이 문장의 해석 범위를 넓혀 아버지의 정신, 가치관, 사람됨의 원칙과 관련지어서 이해해야 한다.

예지용, 화위귀 禮之用, 和爲貴

유자의 레시피에서 찾은
일상의 조화로움

———◆———

유자가 말하길 "예를 사용하는 데 화가 귀하게 된다. 선왕의 도는 이것을 아름답게 여겼다. 그러나 작은 일과 큰일 모두 이것을 따라도 전부 실행할 수는 없다. 화를 알고 화만 사용하고, 예로써 절제하지 않는 것 또한 행동해서는 안 된다."

有子曰 "禮之用, 和爲貴. 先王之道, 斯爲美; 小大由之, 有所不行. 知和而和, 不以禮節之, 亦不可行也."

유자왈 "예지용, 화위귀. 선왕지도, 사위미; 소대유지, 유소불행. 지화이화, 불이례절지, 역불가행야."

일부 학자들은 유자의 말이 공자에 비해 훌륭하지 않다고 말한다. 공자의 말은 깔끔하고 직설적인 데 반해, 유자의 말은 두리뭉

실하다는 것이다. 단도직입적으로 말하는 공자와 달리 유자의 말은 함축적이고 완곡한 편이다.

"예를 사용하는 데 화가 귀하게 된다. 선왕의 도는 이것을 아름답게 여겼다"라는 두 문장은 한 번에 쉽게 이해하기 힘든 말이다. 먼저 문장에 쓰인 한자 '화和'는 아주 좋은 상태를 말한다.

'화'에 담긴 뜻에 대해 춘추시대 제齊나라의 정치가 안자晏子는 아주 적절한 비유를 했다. 제나라 왕이 안자에게 '화란 무엇인가?'라고 물었다. 그러자 안자는 '국에 간을 맞추는 것과 같다'고 말했다. 국을 끓일 때 간을 맞추는 방법은 간장이나 소금 등 양념이나 첨가제를 넣는 것이다. 하지만 안자가 제안하는 요리법은 역발상이었다. 국의 대부분을 차지하는 물의 양으로 간을 맞추는 것이다. 안자는 물과 양념을 함께 조화롭게 사용해야 비로소 맛있는 국을 만들 수 있다고 말했다. 안자의 요리법은 조화에 대한 비유법이다. 공자도 "군자는 화하고 동하지 않는 반면, 소인은 동하고 화하지 않는다君子和而不同, 小人同而不和."라고 말하며 조화를 강조했다.

그렇다면 "예를 사용하는 데 화가 귀하게 된다"라는 말은 무슨 의미일까? 사람마다 생각, 의견, 가치관이 달라도 예를 알면 서로가 조화를 이룰 수 있다는 말이다. 다음에 이어지는 "선왕의 도는 이것을 아름답게 여겼다"라는 문장은 과거로부터 지금까지 전수

제1편 학이(學而) : 배움에 대한 '마인드 셋'이 천하를 다스린다

해온 것을 말한다. 요堯임금, 순舜임금, 우禹임금부터 주周나라 문文왕, 무武왕, 주공周公, 그리고 공자의 이야기가 전해져 내려오는 이유는 후대들이 이를 아름답게 여겼기 때문이다.

"작은 일과 큰일 모두 이것을 따라도 전부 실행할 수는 없다"라는 구절은 큰일, 작은 일 할 것 없이 무턱대고 조화만 추구해서는 안 된다는 뜻이다. 그리고 "화를 알고 화만 사용하고, 예로써 절제하지 않는 것 또한 행동해서는 안 된다"라는 문장은 조화를 추구하기 위해서 예를 지키지 않는 행동을 하지 말라는 의미이다.

예를 들어 한 조직에 어떤 문제가 생겼다고 가정해보자. 이때 조화를 최우선으로 생각해 문제의 해결책을 모든 직원과 상의하다 보면 일이 더욱 복잡하게 꼬이거나, 예상하지 못한 결과를 초래할 수도 있다. 또 문제 해결을 위해 상의하고 설득하는 과정에서 목소리 큰 사람이나 지위가 높은 사람의 의견만 반영되는 경우도 있다. 권력을 이용하거나 목소리를 높여 자신의 생각만 주장하는 사람은 조화를 원하는 다른 사람들의 마음을 악용한 꼴이 된다. 이것이 바로 '화를 알고 화만 사용하고, 예로써 절제하지 않는 것'이라 할 수 있다.

규율, 예법의 구속이 없다면 조화를 이루고 싶어도 그렇게 되기 어렵다. 진정한 조화는 예로써 절제하고 법으로 관리해야 한다. 이런 면에서 이 문장은 법가法家의 주장과 유사한 면이 있다.

법가는 유교 학파에서 천천히 뻗어 나왔다. 유교를 공부한 순자荀子가 법가 철학의 대표 인물인 한비자韓非子와 이사李斯를 제자로 삼았으니 유교와 법가 사이에는 일맥상통하는 부분이 존재한다.

이번 문장은 예법의 중요성을 강조한다. 만약 모든 일에 조화만 강조하며 원칙이나 규칙 없이 문제를 해결하려 한다면 사회의 소통과 거래 비용이 지나치게 높아질 것이다. 조화를 추구하다 오히려 사회의 혼란을 가중하는 꼴이다.

신근어의, 공진어례信近於義, 恭近於禮
소인은 목숨 바쳐 약속을 지키고, 공자는 살아남기 위해 거짓말을 한다

———— ◆ ————

유자가 말하길 "믿음이 의에 가까우면, 그 말이 실현될 수 있다. 공손함이 예에 가깝다면, 치욕을 멀리할 수 있다. 친근함을 잃지 않는다면, 종친으로 삼을 수 있다."

有子曰 "信近於義, 言可復也. 恭近於禮, 遠恥辱也. 因不失其親, 亦可宗也."

유자왈 "신근어의, 언가복야. 공근어례, 원치욕야. 인불실기친, 역가종야."

이 문장 역시 논쟁이 많은 문장이다. 이 문장의 뜻을 있는 그대로 해석한다면 의미를 잘 이해하지 못할 수 있다. 일단, 있는 그대로 해석한다면 다음과 같다.

"유자가 말하길 신용이 의로움에 부합하면, 말이 비로소 실행될 수 있다. 공경이 예에 부합하면, 비로소 치욕을 멀리할 수 있다. 의지할 수 있는 사람은 모두 믿음직한 사람이니 존경할만하다."

무슨 말인지 선뜻 이해하기 어려울 것이다. 나는 조건문으로 해석한 한 해설가의 의미가 가장 적합하다고 생각한다. 그 해설가는 "믿음이 의에 가깝다", "공손함이 예에 가깝다", "친근함을 잃지 않는다"의 세 가지 구절을 조건문으로 보았다.

"믿음이 의에 가깝다"는 것은 신용의 기준을 말하는 것이다.

미생지신尾生之信이라는 고사가 있다. 옛날 미생尾生이라는 사람이 다리 아래서 친구를 만나기로 약속했다. 하지만 아무리 오래 기다려도 약속한 자는 오지 않았다. 당시에는 전화도 없던 시절이라 연락할 방법이 없었고, 강물은 점점 차오르기 시작했다. 그런데도 그는 계속 다리 아래에서 기다리다가 결국에는 물에 빠져 죽게 된다. 미생은 신용을 목숨처럼 지킨 사람이었다. 하지만 그는 우둔하게 신용을 지키는 사람이었다.

이에 비해 공자는 유연함을 지닌 인물이었다. 어느 날, 공자는 송나라에서 강도를 만났다. 강도가 공자를 죽이려 하자 그가 이렇게 말했다.

"내 이름은 공자라네. 제자들을 이끌고 여러 나라를 돌아다니

제1편 학이(學而): 배움에 대한 '마인드 셋'이 천하를 다스린다

며 유세를 하고 있으니 놓아 주시게나." 그러자 강도는 잠시 고민을 하더니 이렇게 말했다. "선생은 유명한 사람이니 놓아주겠소. 하지만 다른 사람에게 우리가 여기 있다고 말해서는 안 되오." 공자는 대답했다. "맹세하지. 절대 말하지 않겠네."

다시 길을 떠난 공자는 송나라 군대를 만나자 강도가 있는 장소를 알려주었다. 공자의 제자가 물었다. "스승님, 말하지 않기로 한 약속을 지켜야 되는 것 아닙니까?" 그러자 공자가 담담히 말했다. "강도와는 신용을 지킬 필요가 없다."

아무리 신용이 중요하다 해도 강도와의 약속을 지키는 것은 어리석은 일이다. 맹자는 "말에 반드시 신용이 있을 필요는 없으며, 행동에 반드시 결과가 있을 필요는 없다. 오직 의로움만 따를 뿐이다言不必信, 行不必果, 惟義所在."라고 했다. '말에 반드시 신용이 있고, 행동에 반드시 결과가 있는 것'은 소인의 행동이다.

우리는 살아가면서 말에 신용이 없을 수도 있고, 행동에 결과가 반드시 따르지 않는다는 걸 알게 된다. 하지만 '오직 의로움만 따른다'는 것은 사람의 행동을 평가하는 중요한 기준이 되기 때문에 반드시 갖추어야 할 자세다.

결론적으로 '믿음이 의에 가깝다'는 것은 신용이 대의에 부합해야 한다는 것이다. 신용을 지키는 건 중요하지만 바보처럼 고지식하게 지키기보다는 대의에 맞게 지켜야 한다.

다음으로 "공손함이 예에 가깝다"를 살펴보도록 하자. 지나치게 공손해서 오히려 예의 없어 보이는 사람을 본 적 있는가? 나는 이전에 카페에서 공교롭게 듣게 된 대화를 아직도 기억하고 있다. 한 직원이 미소를 지으며 상사에게 물었다. "식사하셨나요?" 상사가 먹었다고 대답하자 부하 직원이 아주 공손한 목소리로 다시 물었다. "뭐 드셨어요?" 상사는 밥하고 채소볶음을 먹었다고 대답했고, 곧이어 직원이 다시 웃으며 물었다. "무슨 채소볶음이요?"

나는 이들의 대화를 듣다 나도 모르게 인상이 찌푸려졌다. 대답하는 상사 역시 표정이 좋지 않았다. 불편한 기색이 역력했다. 하지만 부하 직원은 계속 물었다. "어떻게 볶았나요? 맛있으셨어요? 얼마였어요?" 말투는 공손했다. 하지만 너무 과했다. 원칙을 상실한 것이다. 공손함도 예에 가까워야 치욕을 멀리할 수 있다. 예법은 공손함의 기준이자 마지노선이다.

두 나라의 지도자가 만날 때 한쪽 나라의 규범이 아닌 국제 규범을 따르는 이유도 이 때문이다. '공손함이 예에 가깝다면 치욕을 멀리할 수 있다'라는 문장은 모든 일에는 기준이 있어야 하므로 예법을 배우는 게 중요하다는 점을 알려준다. 상대방에게 잘해

제1편 학이(學而) : 배움에 대한 '마인드 셋'이 천하를 다스린다

주고 싶은 마음에 신용을 지키고 공손하게 행동하면서도 예와 의를 기준으로 삼지 않는다면 오히려 골치 아픈 일에 휘말려 치욕을 얻게 될 수 있다.

마지막으로 "친근함을 잃지 않는다"를 살펴보자. 첫 글자인 '인因'은 인척의 '인姻'으로 해석하자. '인척이 그 친근함을 잃지 않는다면'라는 말이 조건문인 이유는 무엇일까? 인척과 친밀한 관계를 유지하려면 자주 왕래해야 한다. 옛날에는 가문의 명맥을 잇는 걸 중요하게 생각했다. 하지만 가문의 규모가 작아지면서 그 명맥이 유지되지 못하고 사라지는 경우도 있었다. 이 말은 옛 시대를 배경으로 이해하자면, 서로 자주 왕래하며 친근함을 유지하라는 뜻이다. "친근함을 잃지 않는다"라는 말은 사회의 인정과도 관련이 있다. 인간관계에서 약간 소원해진 친구와 좋은 관계를 맺는다면 우리는 그들을 친척이나 가족처럼 대할 수 있을 것이다.

나는 불안할 때 논어를 읽는다

거무구안 居無求安

욕구는 채워질지언정,
욕망은 채워지지 않는다

공자가 말하길 "군자가 먹을 때 배부름을 구하지 않고, 거주할 때 편안함을 구하지 않으며, 일을 민첩하게 하고, 말은 신중하게 하며, 도가 있는 사람에게 찾아가 잘못을 바로잡는다면, 배움을 좋아한다고 말할 수 있다."

子曰 "君子食無求飽, 居無求安, 敏於事而愼於言, 就有道而正焉, 可謂好學也已."

자왈 "군자식무구포, 거무구안, 민어사이신어언, 취유도이정언, 가위호학야이."

힘이 넘치는 문장이다. "먹을 때 배부름을 구하지 않고, 거주할 때 편안함을 구하지 않는다"라는 첫 구절은 기본적인 의식주 문제에 대한 해답이 되기에 충분하다. 배고픔을 면할 수 있고, 튼튼하고 안전한 곳에 살 수 있다면 충분한 것이다. 공자의 시대에는 먹고 입고 자는 기본적인 생활이 쉽지 않았다. 공자가 가장 아꼈던 제자 안회도 가난으로 인해 제때 끼니를 챙겨 먹지 못할 정도였다. 허름한 집에는 그릇조차 없었다. 음식은 잎에 말아서 먹고, 물은 표주박에 담아서 마셔야 했다. 그래도 그 시대에는 빈곤을 우울하게 여기지 않았다. 마음의 평온을 찾았기 때문이다.

공자가 말한 "먹을 때 배부름을 구하지 않고, 거주할 때 편안함을 구하지 않는다"라는 문장은 물질에 집착하지 말라는 점을 알려준다. 우리는 어떻게 물질세계의 속박에서 벗어날 수 있을까?

공자는 우리에게 '만약 배불리 먹고, 편안한 집에 살기를 바라며, 물질적인 것만 생각한다면 배움에 소홀하게 된다'고 한다. 젊은 시절은 배우는 데 열중해야 할 시기이다. "먹을 때 배부름을 구하지 않고, 거주할 때 편안함을 구하지 않는다"는 문장을 마음속에 새기고 자신을 격려한다면 소비주의의 함정에 빠지는 걸 피할 수 있다.

자본주의 사회의 근로자들은 안락한 집과 자녀 교육을 위해 노동력을 쏟으며 앞만 보고 달려간다. 하지만 아무리 달려가도 결승점은 보이지 않고, '지금까지 얻은 것이 삶의 전부인가'라는 회의

감에 젖어 든다.

"거주할 때 편안함을 구하지 않으며"에서 '구하지 않는다'라는 말은 '추구하지 않는다'는 것이다. 그리고 '구함'은 욕망이다. 욕구는 충족될 수 있지만 욕망은 영원히 채워질 수 없다. 가령 우리는 좋은 집에서 살고 싶어 한다. 32평 혹은 45평 아파트에서 사는 사람들은 별장을 갖고 싶어 할 것이고, 별장이 있는 사람들은 드넓은 정원을 원할 것이다. 이처럼 욕망은 끝이 없다.

"먹을 때 배부름을 구하지 않고, 거주할 때 편안함을 구하지 않는다"는 것은 물질적인 측면에서 이상적인 조건에 이르지 못한다 할지라도 학습을 시작해야 한다는 의미이다. 편안한 집에 거주하고 풍족한 생활을 할 수 있을 때까지 기다린 뒤에 학습과 성장을 하려 해서는 안된다. 공자는 우리가 물질적 압력에서 벗어나 시간을 들여 공부하고 물질에 구속되지 않기를 바랐다.

다음으로 "일을 민첩하게 하고 말은 신중하게 한다"라는 문장을 살펴보자. 여기서 '민첩敏'은 재빠르다는 의미로 꾸물거리고 굼뜬 것과 상반되는 뜻이다. 꾸물거리고 굼뜨게 행동하는 이유는 뭘까? 의욕이 없기 때문이다. 의지가 없고 자존감이 높지 않으면 '나는 배불리 먹지도 못하고 좋은 곳에서 살지도 못해. 무슨 일을

제1편 학이(學而) : 배움에 대한 '마인드 셋'이 천하를 다스린다

해도 소용이 없어'라는 생각에 빠지게 된다. 반대로 배불리 먹지 못하고 몸을 누일 곳이 마땅치 않아도 성실히 공부하고 일하는 것은 '일을 민첩하게 한다'라고 말할 수 있다.

"말을 신중하게 한다"는 것은 과장해 말하지 않는 것을 뜻한다. 우리 주위에는 자신의 상황을 숨기기 위해 과장해서 말하는 사람들이 많다. 이에 맹자는 재미있는 비유를 했다.

본처와 첩을 둔 남편이 있었다. 남편은 매일 아침 일찍 집을 나가 저녁 늦게 돌아왔는데, 귀가할 때는 입술에 기름이 잔뜩 묻어 있었고, 늘 어딘가에서 대접을 받아 배불리 먹은 것처럼 행동했다. 하지만 평상시 남편이 높은 신분의 사람과 사귀는 걸 본 적 없었기에 본처는 남편을 미행하기로 결심했다. 남편을 따라 갔지만 누군가를 만나는 기색은 없었고, 불러주는 사람조차 없었다. 본처는 마지막으로 따라 간 곳에서 남편의 행동에 아연실색했다. 그곳은 한 묘지였다. 남편은 제사를 지내고 남은 고기를 입가에 묻히고는 배불리 먹고 온 것처럼 행동한 것이었다. 본처는 남편이 지금까지 마치 많은 이에게 인정받고 잘 나가는 척 거짓 행세를 하며 속인 것에 분노했고, 앞으로 의지조차 할 수 없는 사람과 결혼했다는 사실을 슬퍼했다. 맹자는 이를 예의와 염치는 버린 채 생계만을 쫓는 사람이라고 지적했다.

세상에는 자신의 돈벌이 수단을 가족에게 숨기는 사람들이 있다. 가장이 '부정한 수단'으로 돈을 번다는 사실을 아내와 자식이 알게 되면 어떻게 될까? 가령 집안의 가장이 노인들을 속여 효과 없는 영양제를 팔거나, 회삿돈을 횡령하여 주식에 투자하고 거래처와 뇌물을 주고받는 부정한 방법으로 돈을 번다는 사실을 알게 된다면 부끄러움을 느낄 것이다. 안타깝게도 말을 과장되게 하고 허세를 부리며 자신의 외면을 위장하는 사람은 치욕을 당할 수 있다는 사실을 신경 쓰지 않는다. 가족이 부끄럽게 생각할 것이라는 사실도 신경 쓰지 않게 된다.

다음 구절인 "도가 있는 사람에게 찾아가 잘못을 바로잡는다면"에서 '도가 있다'라는 말은 자기 일을 잘 처리하고, 자신에게 도움이 되는 사람과 사귀며, 자신보다 수준이 높은 사람에게 사람 됨을 배우는 것을 말한다. 그리고 '잘못을 바로 잡는다'는 것은 자신의 욕망을 잘 통제해 가족이 부끄러워할 만한 그릇된 길을 가지 않고 바른길을 가는 것을 말한다.

이어지는 "배움을 좋아한다고 말할 수 있다"라는 문장은 앞에 나온 것들을 실행했다면 배움을 좋아하는 사람이란 뜻이다. 그러니 공자의 배움을 좋아하는 기준에 다다르는 것은 쉽지 않은 일이다. 배움을 좋아해야 하는 이유는 뭘까? 동물적 본성에서 벗어나

제1편 학이(學而) : 배움에 대한 '마인드 셋'이 천하를 다스린다

는 과정이 배움이기 때문이다. 사람은 누구나 동물적인 본능과 사회성을 동시에 갖고 있다.

동물적 본성이 강해지면 매일 배불리 먹고, 따뜻하게 입고, 더 좋은 곳에서 사는 것만 생각하게 되고, 물질적인 욕구를 지나치게 추구하게 된다. 동물적 욕구는 끝이 없다. 만약 동물적 본성을 통제하지 못한다면 침대 밑에 돈다발을 쌓아둘 정도로 많은 돈을 벌어도 공허함은 채워지지 않을 것이다.

반대로 배움을 좋아하게 되면 욕망보다 이성이 강해져 다른 사람들을 의식해 자신만의 이익만 생각하지 않고, 다른 사람을 위해 노력하고 협동할 수 있게 된다.

항상 스스로를 돌아보며 "군자가 먹을 때 배부름을 구하지 않고, 거주할 때 편안함을 구하지 않으며 일을 민첩하게 하고 말은 신중하게 하며, 도가 있는 사람에게 찾아가 잘못을 바로잡는다면 배움을 좋아한다고 말할 수 있다"라는 말을 떠올려보자. 이 문장은 우리 행동의 좌우명이 될 수 있다.

빈이락도, 부이호례 貧而樂道, 富而好禮
가난해도 비굴하지 말며,
부유해도 교만하지 말라

◆

자공이 말하길 "가난하지만 아첨함이 없고, 부유하지만 교만함이 없으면 어떻습니까?"

공자가 대답하길 "괜찮다. 하지만 가난하시만 즐거워하고, 부유하지만 예를 좋아하는 것만은 못하다."

자공이 묻기를 "『시경』에 '자른 것 같고 간 것 같고, 다듬은 것 같고 문지른 것 같다'라는 구절이 있는데, 이것을 말씀하시는 겁니까?"

공자가 대답하길 "사와 함께 『시경』을 말할 수 있게 되었구나! 지나간 것을 말해주니 다가올 것을 아는구나."

子貢曰 "貧而無諂, 富而無驕, 何如?"

子曰 "可也; 未若貧而樂道, 富而好禮者也."

子貢曰 "『詩』云: '如切如磋, 如琢如磨.' 其斯之謂與?"

子曰 "賜也, 始可與言 『詩』 已矣! 告諸往而知來者."

자공왈 "빈이무첨, 부이무교, 하여?"
자왈 "가야; 미약빈이락도, 부이호례자야."
자공왈 "『시』운: '여절여차, 여탁여마.' 기사지위여?
자왈 "사야, 시가여언 『시』이의! 고저왕이지래자."

내가 자주 애용하는 문장이다. 『논어』에서 공자와 그의 제자 안회, 자공, 자로의 대화는 실질적인 가치를 지니고 있는 경우가 많다.

공자는 세 명의 제자를 각기 다른 태도로 대했다. 자로에 대해서는 직설적으로 질책하고, 자공에 대해서는 완곡하게 지적을 하고, 안회에 대해서는 아무런 질책도 하지 않았다. 자공은 『논어』에서 항상 공자에게 주의를 받는 역할로 출연한다. 어쨌든 세 명의 제자는 모두 공자를 지극히 따랐다. 그중에서도 공자에 대한 자공의 감정은 매우 진실했다. 공자가 세상을 떠난 뒤 제자들은 공자의 무덤에서 삼년상을 치른 뒤 함께 통곡하며 떠났다. 자공도 떠나려 했으나 마음이 놓이지 않아 결국 다시 돌아와 삼년상을 더 치렀다. 자공은 총 6년 동안 공자의 무덤을 지킨 것이다.

자공은 상당한 능력을 가진 사람이었다. 재산이 많고 장사를 잘했던 그는 유생이면서 상인이었고, 외교관이기도 했다. 공자가 세상을 떠난 뒤 자공은 계속해서 공자의 명성을 알리기 위해 노

나는 불안할 때 논어를 읽는다

력했다.

 이번 문장은 자공이 세상을 떠난 스승과의 아름다운 추억을 회
상한 구절로 이해해야 한다. 자공이 공자에게 물었다. "가난하지
만 아첨함이 없고, 부유하지만 교만함이 없는 사람을 어떻게 생각
하십니까?" '가난하지만 아첨함이 없다'는 것은 가난하다는 이유
로 부유한 사람의 비위를 맞추려 교언영색하지 않는다는 것이다.
그리고 '부유하지만 교만함이 없다'는 것은 돈이 많지만 거만하지
않고, 허풍을 떨거나 과시하지 않는 걸 말한다.
 자공의 질문은 스승인 공자에게 자신을 어떻게 생각하는지에
대한 물음이다. 자공은 자신이 가난하지만 아첨하지 않고, 부유하
지만 교만하지 않은 사람이라는 점을 인정받고 싶어했던 것 같다.
하지만 공자의 대답은 예상과 달랐다. 가난하지만 아첨함이 없
고, 부유하지만 교만함이 없는 것은 꽤 훌륭한 태도일 텐데도 공
자는 '괜찮다'라고 심드렁하게 대답했다. 그리고 덧붙여 '가난하
지만 즐거워하고, 부유하지만 예를 좋아하는 것만은 못하다.'라
고 말한다.

 "가난하지만 아첨함이 없다"에서 '아첨함이 없다'는 것은 스스
로 인내하는 상태이다. 품격을 지키려 상대방이 부유하다는 걸 알

제1편 학이(學而) : 배움에 대한 '마인드 셋'이 천하를 다스린다

면서도 빌붙지 않고, 배가 고파도 다른 사람의 음식을 탐내지 않는 것이다. 이것은 욕구를 억누르는 상태인 만큼 고통이 따를 수밖에 없다. 공자는 가난하지만, 자존심을 지키려 억지로 참고 고통스러워하는 것을 반기지 않았다. 가난 속에서도 편안함과 즐거움을 추구하길 바랐다. 가난할지라도 마음은 즐거울 수 있다. 랍스터나 스테이크, 캐비어 요리를 먹는 사람 앞에서 라면을 먹더라도 맛있게 먹는 사람이 '가난하지만 즐기는 경지'라고 할 수 있다.

"부유하지만 교만함이 없는 것"과 "부유하지만 예를 좋아하는 것"은 차이점이 있다. "부유하지만 교만함이 없다"는 것은 '부자이지만 겸손하고 온화한 척 행동한다'라는 의미이다. 반면 "부유하지만 예를 좋아한다"는 것은 '부자라는 사실을 숨기는 것이 아닌, 부유함을 대수롭지 않게 생각하고, 학습을 게을리하지 않으며 도와 예를 배우는 것'을 말한다.

자공과 공자의 차이점은 '구함'과 '구하지 않음'에 있다. 구하려 하는 자공은 힘을 들여서 억지로 자신을 속박하려 했다. 반면 공자는 조급해하지도 않고, 힘을 들이지도 않으며, 몸가짐에 신경을 쓰며 자신을 속박하지도 않았다. 공자는 돈이 없는 삶을 오히려 진심으로 즐겼다.

이제 뒷 구절을 보자. 공자의 말이 끝나자 자공이 "『시경』에 '자른 것 같고, 간 것 같고, 다듬은 것 같고, 문지른 것 같다'라는 구절이 있는데, 이것을 말씀하시는 겁니까?"라고 물었다.

여기서 자르고, 갈고, 다듬고, 문지르는 것은 옥과 같은 보석을 정밀하게 다듬는다는 뜻이다. 옥은 부지런히 자르고 갈아야 아름다워지고 윤이 난다. 자공의 비유적인 표현을 이렇게 해석해볼 수 있다. '스승님께서 제가 말한 수준보다 더 높은 수준을 제시하신 것은 수행은 평생 꾸준히 지속해야 하는 것인 만큼 영원히 자신을 갈고 다듬어야 한다는 걸 말씀하시려는 것 아닙니까?' 자공의 질문에 공자는 매우 감탄하며 말했다. "사와 함께 『시경』을 말할 수 있게 되었구나!"

『공자』에 등장하는 '사'자는 자공을 지칭하는 말이다. 자공의 성은 단목端沐이고 이름은 사賜이다. 그래서 이 구절은 '자공아, 이제 너와 함께 『시경』에 대해 이야기할 수 있구나!'로 풀이된다.

마지막으로 "지나간 것을 말해주니 다가올 것을 아는구나"라는 구절은 자공이 스승이 한 말에 훌륭하게 대답할 뿐만 아니라, 그 속에 담긴 뜻까지 파악해 낼 정도로 수준이 뛰어나다는 것을 감탄하며 이야기한 것이다. 스승과 제자가 소통하며 서로 영향을 주고 발전한다는 뜻의 '교학상장教學相長'이라는 말과 일맥상통한다.

스승인 공자에게 자주 칭찬을 받지 못했던 자공은 이 말을 듣고 무척이나 기뻐했다고 한다. 최선을 다해 공자를 대신해 많은 일을 했던 자공이 공자에게 제대로 인정받지 못해왔다는 것을 알 수 있는 대목이다. 공자의 이 말은 자공 인생의 큰 전환점이 되었을 것이다.

불환인지부기지 不患人之不己知

나쁜 씨앗을 뿌리고
훌륭한 결실을 바라지 마라

———— ◆ ————

공자가 말하길 "다른 사람이 나를 알아주지 않는 걸 걱정하지 말고, 내가 다른 사람을 알아주지 않는 걸 걱정해야 한다."

子曰 "不患人之不己知, 患不知人也."

자왈 "불환인지불기지, 환부지인야"

"다른 사람이 나를 알아주지 않는 걸 걱정하지 말고"라는 내용은 『논어』에서 두 번 이상 나오는 문장이다. 공자는 '자신을 어떻게 생각해야 하는지'를 매우 중요하게 생각했다. 현재도 마찬가지지만, 당시의 지식인들은 이런 면에 무척 민감한 반응을 보였다. 나름 상대방을 잘 대해주려고 노력했지만, 이를 몰라준다면 호의를 무시당했다는 생각에 섭섭함을 느끼게 된다.

'판덩독서'의 면접을 마친 신입 직원이 이런 말을 했다. "판 선생님을 직접 만나뵈니 인터넷에서 평가되는 것과는 다른 사람이라는 것을 알게 되었습니다." 그는 온라인에서 나를 폄하하는 어느 기업가의 글을 보았다고 했다. 이런 평가는 어쩔 수 없는 일이라 생각한다. 내가 아무리 최선을 다해도 나를 좋지 않게 생각하는 누군가는 있게 마련이다. 공자는 나와 비슷한 처지에 있는 사람들의 마음을 자주 위로해주었다.

'당신을 알아주지 않는 것을 걱정하지 말고, 당신이 다른 사람을 알아주지 못하는 것을 신경 쓰라'는 공자의 참뜻은 무엇일까? 곰곰이 생각해보면 원인과 결과에 해당하는 말이다. 다른 사람이 자신을 알아주냐, 아니냐는 일의 결과에 해당한다. 반면 자신이 다른 사람을 알아주냐, 아니냐는 원인이 되는 태도이다. 다른 사람을 알아주는 것은 소기의 목적을 달성하기 위한 학습과 협력, 추천의 기회를 얻는 과정이다. 타인을 이해하고 알아주며 협력하는 과정에서 얻는 것이 많기 때문이다.

우리는 원인과 결과 중 무엇이 중요한지 잘 구분해야 한다. 원인이 어떠냐에 따라 결과는 확연히 달라질 수 있기 때문이다. 옛

나는 불안할 때 논어를 읽는다

말에 '뿌린 대로 거둔다'라는 말이 있다. 우리는 농사를 지을 때 수확을 걱정해야 하는 것일까? 아니면 충분히 노력했는지를 걱정해야 하는 것일까? 대부분은 수확을 걱정할 것이다. 하지만 이는 소용없는 걱정일 뿐이다. 수확은 경작을 얼마나 잘했느냐에 따라 결정되기 때문이다. 그러니 올해 씨앗을 얼마나 적정 시기에 뿌렸는지, 얼마만큼의 힘을 쏟았는지를 걱정하면 그만이다.

우리가 걱정해야 하는 것은 원인이지 결과가 아니다. 결과는 엎질러진 물이며 우리가 통제할 수 없는 영역이다. 평범한 사람은 항상 결과를 감당하는 것을 두려워하며 자신이 손해를 보지 않기를 바란다. 반면 부처는 원인을 두려워했다. 나쁜 원인이 있으면 결과도 나쁠 수밖에 없기 때문이다.

강조하자면, 원인에 따른 결과는 피할 수 없다. 지나치게 결과를 걱정하면 초조, 원망, 자기 연민과 같은 부정적인 감정이 생겨나게 마련이다. 좋은 일을 많이 했는데도 결과가 좋지 않다면 결국 원망과 분노에 사로잡히게 된다. 따라서 자신의 영향권 안의 일에 관심을 가지고 자신이 바꿀 수 있는 일에 집중해야 한다.

사회는 관용의 미덕을 갖추어야 한다.
관직을 맡지 않고 숲을 친구로 삼아 살아가는 장자莊子 같은 사람도 있다.
자연의 순리에 맡긴 채 소탈하게 사는 노자 같은 사람도 있다.
공익을 위해 힘쓰는 묵자 같은 사람도 있다.
그리고 "털 하나 뽑아 천하가 이롭게 된다고 해도 하지 않는拔一毛利天下, 不爲也"
양주 같은 사람도 있다. 사람의 성향이 다양하다는 점을 받아들여야 하는 것이다.
다양성이 많은 사회일수록 부작용과 해로움이 줄어든다.

論語

북극성처럼 빛나는 리더가 되기 위한

스물 네 가지 이야기

비여북신 譬如北辰

북극성처럼
진중하게 빛나는 리더의 덕목

---- ◆ ----

> **공자가 말하길** "덕으로 정치한다는 건, 북극성이 제자리에 가만히 있으면 뭇별들이 둘러싸는 것과 같다."
> **子曰** "爲政以德, 譬如北辰, 居其所而衆星共之."
> **자왈** "위정이덕, 비여북신, 거기소이중성공지."

『논어』 제2편 '위정爲政'을 시작하자. 제2편의 첫 문장은 신비로운 분위기가 감돈다. 공자가 정치에 대해서 말했다.

"덕으로 정치한다는 건 북극성이 제자리에 가만히 있으면 뭇별들이 둘러싸는 것과 같다."

정치를 밤하늘에 맴도는 별들의 모습에 빗대어 표현한 공자의 말이 잘 이해가 되지 않는다면, 노자의 말을 먼저 살펴보자. 노자가 정치에 대해 말했다.

"큰 나라를 다스리는 것은 작은 생선을 삶는 것과 같다治大國若烹小鮮."

노자는 정치를 해물찜 요리에 비유했다. 작은 생선 여러 마리를 냄비에 넣고 삶으면 여러 마리가 겹쳐 있어 잘 익지 않으니 자꾸 뒤적거리게 된다. 그러면 생선 살은 터지고 뭉개진다. 큰 나라를 다스리는 것도 마찬가지다. 통치자가 작은 일을 사사건건 간섭하다가는 나라 전체가 흔들릴 수 있다. 무엇이든 가만히 두면서 지켜보는 것이 가장 좋은 정치라는 것을 강조한다. 후대 사람들은 청나라 황제 건륭제가 백성들을 혹사시키고, 재물을 낭비하며 사사로이 정치를 했다고 입을 모은다.

나라를 다스린다는 것은 간단한 일이 아니다. 복잡한 공정이며 복잡 시스템이다. 그렇다면 '복잡 시스템'은 무엇일까? 복잡함과 단순함은 상대적이다. '단순 시스템'은 지속적인 반복을 통해서 문제를 해결한다. 예를 들어 도요타 자동차의 생산라인은 오류를 파악하고 줄여나가는 것을 반복하며 자동차 품질을 향상한다. 전체 자동차 제작을 위해 차대, 바퀴, 엔진, 변속기, 모터, 전자 시스템 등 모든 부분을 단순하고 명확하게 파악한 후 조립을 진행한다. 세세한 일을 무한 반복해 잘못된 부분을 수정해가면 결국 모

119

든 부분이 개선된다. 이것이 바로 단순 시스템이다.

반면 사회와 가정, 교육, 국가와 같은 시스템은 복잡한 구조에 속한다. 생태계, 생물계, 자연계도 복잡 시스템이다. 복잡 시스템의 특징은 흐름을 객관적으로 파악할 수 없고, 어떤 모델을 제시해도 부분조차 파악할 수 없다. 분석이 쉽지 않고, 어느 부분에 문제가 발생하는지 확인하기도 어렵다. 예를 들어 어른들은 아이의 운명에 변화를 줄 깨달음과 교육이 무엇인지 알지 못한다. 그래서 아이를 교육하는 일은 자동차를 제조하는 일보다 훨씬 복잡하다.

이런 복잡 시스템은 부분을 파악하는 것만으로는 전체를 통제하기 어렵다는 점에서 단순 시스템과 다르다. 단순 시스템이 자동차를 제조하는 것이라면, 복잡 시스템은 숲을 키우는 것이라 할 수 있다. 숲을 조성하는 것은 토양, 기온, 환경, 방향을 통해 모든 생물 사이의 조화와 통일을 이루어야 한다. 우리가 할 수 있는 일은 좋은 토양에서 자라난 싹이 나무로 성장하기를 기다리고, 푸른 풀들이 돋아나길 기다리며, 전체의 생태가 균형을 이루어 숲이 조성되기를 기다리는 것뿐이다. 한마디로 우리가 파악하고 간섭할 수 있는 부분이 아주 적은 것이다.

순자도 복잡 시스템에 관해서 노자와 비슷한 견해를 보였다. 경영학자로도 볼 수 있는 순자는 이런 말을 남겼다.

나는 불안할 때 논어를 읽는다

"임금이 요점을 파악하는 걸 좋아하면 모든 일이 상세하게 처리되고, 임금이 자질구레한 것까지 파악하는 걸 좋아하면 모든 일이 황폐해진다好要則百事詳, 主好詳則百事荒."

순자의 말을 쉽게 풀이하자면, 한 회사에 중요한 업무가 있을 때, 사장은 그것만 중점적으로 파악하면 된다는 것이다. "모든 일이 상세하게 처리된다"라는 것은 구체적인 임무마다 책임자가 있어 각자 임무를 수행하는 것을 말한다. 이어지는 순자의 문장인 "임금이 자질구레한 것까지 파악하는 걸 좋아하면 모든 일이 황폐해진다"는 것은 지도자가 책임자가 있는 분야까지 파고들어 불필요하게 참견하면 일이 어긋난다는 것이다.

예를 들어보자. 한 회사의 사장이 청소 담당 직원에게 화장실 청소가 제대로 되지 않았다고 질책하거나, 식당 직원에게 식사와 음료를 어떻게 개선할지를 참견한다고 해보자. 사장은 그러한 자질구레한 업무로 시간을 낭비해 회사 경영의 중대한 핵심을 파악할 수 없고, 미래지향적인 청사진을 그릴 수도 없을 것이다. 물론 회사의 리더는 모든 직원이 자신의 분부대로 움직이고, 모든 일을 직접 지도하고 싶은 마음이 있을 것이다. 하지만 그렇게 세세한 부분까지 신경 쓴다면 직원들은 상사의 지시만을 기다리고 적극적으로 일하려는 의욕을 상실하게 된다. 그러면 결국 회사의 분위기는 황폐해질 수밖에 없다.

공자의 말로 다시 돌아가자. 공자는 "덕으로 정치한다"는 말을 한다. 이는 규칙으로 다스려야 할 뿐만 아니라 덕행으로도 다스려야 한다는 말이다. 공자는 경영자를 북극성에 비유했다. 이것은 리더의 방향성을 강조한 비유이다. 지도자는 자신의 위치를 지키며 조직의 전체 방향을 계획해 구성원 모두가 우주의 별들처럼 각자의 자리에서 정해진 방향에 따라 움직일 수 있게 해야 한다.

송나라 황제 휘종은 자신의 집을 짓는 일에 걸핏하면 백성들을 동원했고, 화석강花石綱을 조직했다. 화석강은 진귀한 꽃과 돌을 모으기 위한 특수한 운송 체계로 '강綱'은 운송팀을 일컫는다. 이 운송팀 하나에 배가 10척이 배정되었다 하니, 그 규모가 얼마나 거대했는지 예상할 수 있다. 이들은 휘종의 취향에 맞는 돌과 진귀한 건축 자재들을 운송하기 위해 모진 고난을 겪어야만 했다. 결국 참지 못한 백성들은 반란을 일으키게 되었고, 송나라는 어지러운 정국이 된다. 이처럼 지도자가 정치에 사사로워지면 큰 방향을 설정할 수 없게 된다.

기업도 마찬가지다. 창업자는 직원의 리더이며, 기업의 가장 중요한 브레인이다. 자신이 누구보다 영리하다고 생각하며, 모든 일에 관여해야 한다고 주장해서는 안 된다. 창업자의 책임은 모두가 바라볼 공통의 비전을 세우고, 모두가 동일한 목표를 위해 노력하게 하는 분위기를 조성하는 것이다. 자신의 본분에만 충실하고 다른 일은 각 책임자에게 맡기는 것, 이것이 바로 창업자가 복잡 시스템을 구축하는 방법이다.

"덕으로 정치한다는 건 북극성이 제자리에 가만히 있으면 뭇별들이 둘러싸는 것과 같다."는 공자의 말처럼 진중하고 굳건히 중심을 잡아주는 것이 리더가 해야 할 일이다.

사무사思無邪

시경에 담긴
순하고 조화로운 마음의 소리

◆

공자가 말하길 "『시』 3백 편을 한마디 말로 개괄하면
'생각에 간사함이 없다!'라고 할 수 있다."
子曰 "『詩』三百, 一言以蔽之, 曰: 思無邪!'"
자왈 "『시』 삼백, 일언이폐지, 왈: '사무사!'"

『시경』은 춘추시대를 중심으로 민간에 전해져 내려오는 민요를
〈풍風〉, 〈아雅〉, 〈송頌〉 세 가지로 나누어 정리한 가장 오래된 시집
이다. 한국에서는 흔히 시전詩傳, 모시毛詩, 시詩라고도 한다. 학자들
대부분은 공자가 "『시경』, 『서경書經』을 정리하고 예와 악을 정했
다刪詩書, 定禮樂"는 점에 동의한다.

공자는 『시경』 3백 편을 한마디로 개괄해 "생각에 간사함이 없

124

나는 불안할 때 논어를 읽는다

다."고 했다.

서양 철학자 니체Friedrich Wilhelm Nietzsche는 용맹성과 진실성을 르네상스 운동의 품격과 기품이라고 보았다. 르네상스의 위대한 점은 기존의 종교적이고 허위적인 예술 표현 방식을 깨뜨리고, 사람들의 감정을 순수하게 드러내는 인본주의에 있다. 『시경』에도 서양의 르네상스 정신처럼 사람들의 진실한 감정이 잘 드러나 있다.

잠시 『시경』을 감상하며 "생각에 간사함이 없다"는 것이 무엇일지 살펴보자.

예전에 떠날 때는 버드나무가 흔들거리더니
지금 돌아오니 눈비가 흩날리는구나.
昔我往矣, 楊柳依依.
今我來思, 雨雪霏霏.

복숭아나무 무성하고 꽃은 화사하네.
아가씨 시집가니 그 집안 화목하리.
桃之夭夭, 灼灼其華.
之子於歸, 宜其室家.

우우 사슴이 울며 들판의 쑥을 먹는구나.

제2편 위정(爲政): 북극성처럼 빛나는 리더가 되기 위한 스물 네 가지 이야기

반가운 손님이 있어 거문고를 연주하고 생황을 분다.

呦呦鹿鳴, 食野之蘋.

我有嘉賓, 鼓瑟吹笙.

꾸룩꾸룩 우는 물수리가 강가 모래톱에 있구나.

정숙하고 아름다운 아가씨는 군자의 좋은 배필이다.

關關雎鳩, 在河之洲.

窈窕淑女, 君子好逑.

이 시구절을 읽으면 아름다운 전원 풍경이 저절로 떠오른다. 거문고와 아악기 생황의 가락 소리가 물수리의 울음소리에 장단을 맞춘다. 연인에 대한 애절한 그리움에 대한 절제미가 돋보이는 시이다. 복잡하고 시끄런 마음 없는 순수함 그 자체이다. 이런 것이 바로 '사무사', 생각에 간사함이 없는 것이다.

『시경』을 "생각에 간사함이 없는 것"이라고 말한 이유는 합리적인 감정과 욕망을 칭송하기 때문일 것이다. 감정과 욕망이 합리적이라는 것은 공자가 말한 "즐거우면서 지나치지 않고, 슬프면서 상하지는 않는다樂而不淫, 哀而不傷."는 상태를 말한다. 이런 상태는 니체가 말한 '디오니소스적Dionysian'인 지나치고 무질서한 상태와는 상반된다. 술의 신인 디오니소스의 즐거움은 광기에 사로잡힌

무절제한 감정이다. 태양과 빛, 그리고 이성을 다스리는 신, 아폴론도 시와 음악을 관장하며 즐거움을 누렸다. 하지만 아폴론은 디오니소스와 달리 이성을 중시하기 때문에 공자가 말하는 『시경』의 합리적인 감정과 욕망에 가까운 성향을 지니고 있다. 결론적으로 『시경』은 과장되거나 인위적이지 않고, 방탕하지 않으며 절제된 자세로 자신의 희로애락을 표현한다.

　그렇다면 『시경』에서 감정의 합리성을 강조하는 이유는 뭘까? 만약 『시경』에 나오는 시들이 사람의 감정을 과장해서 자극적으로 표현한다고 생각해보자. 희로애락을 적나라하게 드러내고, 감동을 주기 위해 아픈 마음을 표현한 시를 읽는다면 어떤 기분이 들까? 아마도 진실된 아름다움을 느끼지 못할 것이다. 그래서 비극과 희극도 절제미가 필요하다.

　공자는 중용, 조화, 적절함을 중요시했다. 『시경』에 기록된 것은 백성들의 마음의 소리이다. 사람들이 밭에서 일하며 마음의 소리를 노래했던 민요는 그 속에 조화로움과 아름다움이 담겨 있다. 그래서 『시경』을 자주 읽은 사람은 조화로움과 아름다움으로 사람의 마음을 움직일 수 있다. 공자가 『시경』을 강조한 이유는 모두가 순수하고 간사함이 없게 일하고, 경우에 맞는 합리적인 말을 하기를 바랐기 때문일 것이다.

도지이덕(道之以德)

강요하지 않아도
규칙을 지키게 만드는 리더의 품격

———— ◆ ————

공자가 말하길 "정책으로써 인도하고, 형벌로써 가지런히 한다면 백성들은 피하려고만 할 뿐 부끄러움이 없게 된다. 덕으로써 인도하고, 예로써 가지런히 한다면 부끄러움이 있고 이르게 될 것이다."

子曰 "道之以政, 齊之以刑, 民免而無恥. 道之以德, 齊之以禮, 有恥且格."

자왈 "도지이정, 제지이형, 민면이무치. 도지이덕, 제지이례, 유치차격."

이 문장은 백성을 다스리는 방법에 대한 공자의 말이다.

첫 문장을 살펴보자. "정책으로써 인도하고"라는 구절의 첫 번째 글자 '도道'는 인도한다는 의미이고, '정책으로써以政'는 행정 명령을 수단으로 삼는 것을 말한다. 그러니 '정책으로써 인도한다'는 것은 행정 명령을 수단으로 삼아 백성을 인도하고 다스린다는 의미이다. 다음 구절인 "형벌로써 가지런히 한다"에서 '가지런히 한다^齊'는 단속한다는 말이다. 법률로 백성을 속박하고 형벌로 문제를 처리한다는 것이다.

"정책으로써 인도하고 형벌로 가지런히 한다"는 것은 법가의 주장이었다. 법가는 이치를 따지거나 의로움을 따질 필요 없이 규율만 따지면 된다고 보았다. 규율, 법도에 부합하기만 하면 문제가 없다는 것이다. 이와 같은 법가의 주장은 현재 많은 국가에서 사용되고 있다. 하지만 공자는 이런 방법을 사용하면 '백성들은 피하려고만 할 뿐 부끄러움이 없게 된다'라고 주장했다. 사람들이 도리를 알아서 죄를 짓지 않는 것이 아니라, 단순히 형벌이 두려워 죄를 짓지 않게 된다는 것이다.

춘추전국시대부터 진나라, 한나라 시대에는 가혹한 형벌을 사용해 백성들을 다스렸다. 한나라 고조인 유방^{劉邦}이 '약법삼장^{約法三章}'을 공표하고 진나라 법은 모두 폐지했다고 알려졌지만, 사실은 그렇지 않았다. 한나라는 진나라의 제도 중 많은 부분을 답습했다. 죄를 지으면 코를 자르거나 팔다리를 자르거나 얼굴에 문신을 새기는 잔혹한 형벌이 진나라의 제도였다. 한나라 역시 백성들에게 이런 형벌을 내렸다. 이처럼 잔혹한 형벌을 사용해 나라를 다스리면 백성들은 형벌이 두려워 죄를 짓지 않겠지만 죄에 대한 '부끄러움'을 깨닫지는 못한다.

나는 미국에 있을 때 "정책으로써 인도하고 형벌로 가지런히 한다"는 문장이 떠오른 경험을 한 적이 있다. 거리에서 팻말을 들고 시위를 하던 청년들을 자주 목격했는데, 팻말에는 '잠잘 곳이 필요해요', '빵을 주세요' 같은 문구가 적혀 있었다. 순간 이런 생각이 들었다. '사지가 멀쩡한 청년들이 왜 일은 안 하고 공짜만 바라고 있을까?' 미국 사람들은 법을 지키는 선에서 개인의 자유를 최대한 존중한다. 어떤 외국인은 나에게 "미국에서는 벌거벗고 거리를 다녀도 상관없어. 개인의 권리이니까 경찰도 체포할 수 없어."라고 말하며 자유의 중요성을 강조했다. 공자가 가장 걱정한 '부끄러움이 없게 된다'는 것은 이런 상황을 말한 것이다. 법에 저촉되지는 않는다는 이유로, 막무가내로 행동하는 태도를 걱정한 것이다.

다음 문장인 "덕으로써 인도한다"는 것은 덕행을 강조하고, "예로써 가지런히 한다"는 것은 '예'를 통해 구속한다는 말이다. 법률과 규칙만으로 사람의 행동에 대한 합리성을 판단할 수 없다. 마음에 거리낌이 없는지, 도의에 부합하는지도 종종 따져보아야 한다.

백성을 다스릴 때 '덕으로써 인도하고, 예로써 가지런히' 하면 어떤 결과가 생길까? 공자는 "부끄러움이 있고 이르게 될 것이다."라고 말했다. 백성이 죄를 지으면 부끄러운 마음을 가지게 된다는 의미이다. 여기서 '이르게 된다'로 해석된 '격格'은 품격을 말한다. 공자는 모든 사람이 스스로 도리를 지키며 아름다운 품격을 갖추기를 염원했다.

백성을 다스리는 공자의 방법론에 대한 사람들의 평가는 다르다. 예를 들어 정부가 부패하고 사람들이 도덕을 실천하지 않더라도 법률과 규칙만 제대로 지킨다면 결국에는 정상적인 국가가 될 것이라는 사람들이 있다. 이들은 법치주의를 강조하는 사람들이다. 이들의 말이 틀린 것은 아니다. 하지만 전제가 필요하다. 나라가 평화롭거나 거꾸로 극도로 혼란한 상황에서는 법치만으로 나라를 다스리는 것이 가능하다. 나라가 평화로우면 당연히 법률도 잘 지켜질 것이고, 반대로 나라가 혼란한 상황에서는 구속력이 강한 법률만이 국민을 다스릴 수 있기 때문이다.

공자는 천하가 대동大同을 이루기를 꿈꿨다. 안정된 사회에서 사람들이 아름다운 인품과 덕행을 갖추길 바란 것이다. 공자의 바람대로 천하태평을 누리기 위해 우리는 어떻게 해야 할까? 이 역시 공자의 가르침을 받들면 된다. 공자의 이상은 '덕으로써 인도하고 예로써 가지런히 하는 것'이다. 다시 말해 정신과 도덕을 수련해 백성들이 더욱 발전하도록 돕는 것이었다. 다양한 지식을 배워 마지막을 신중히 하고 멀리까지 추구해 덕이 후함으로 돌아가게 하면 된다.

삼십이립三十而立
순차적으로 높여가는
인생의 경지

---◆---

공자가 말하길 "나는 열다섯 살에 학문에 뜻을 두었고, 서른 살에 자립했으며, 마흔 살에 미혹되지 않았고, 쉰 살에 천명을 알았으며, 예순 살에 귀가 순해졌고, 일흔 살에 하고 싶은 대로 행동해도 법도에 어긋나지 않았다."

子曰 "吾十有五而志於學, 三十而立, 四十而不惑, 五十而知天命, 六十而耳順, 七十而從心所欲, 不踰矩."

자왈 "오십유오이지어학, 삼십이립, 사십이불혹, 오십이지천명, 육십이이순, 칠십이종심소욕, 불유구."

한 번쯤 다들 들어봤을 법한 문장이다. 사람들은 자신의 나이에 따라 자신의 삶을 공자와 비교한다. 예를 들면 이런 식이다. '공자는 열다섯 살에 학문에 뜻을 두었다고 한다. 나 역시 열다섯 살에 공부를 시작했다', '공자는 서른 살에 자립했다는데 나는 아직도 부모님 집에 얹혀 살고 있다.' 하지만 사람의 나이는 시대마다 그 의미가 다르다. 따라서 이런 단순 비교는 아무 의미가 없다.

런던 경영대학교 교수이자 스탠퍼드대학교 장수연구센터 자문 교수인 린다 그래튼은 『100세 인생The 100 Year Life』이라는 책에서 장수 시대의 '행복한 노년의 삶을 위한 지침'을 이야기했다. 그는 현대 의학의 발달로 우리는 족히 100세까지 살 수 있을 것이고, 자녀들은 120세 정도까지 살 수 있다고 주장한다. 이에 비해 과거의 기대수명은 지금보다 훨씬 짧았다. 따라서 인생 말년을 이야기한 '일흔 살에 하고 싶은 대로 행동해도 법도에 어긋나지 않았다'라는 공자의 말을 지금에 맞게 표현한다면 '100살에 하고 싶은 대로 행동해도 법도에 어긋나지 않았다'라고 해야 할 것이다.

요즘은 공부를 시작하는 나이가 무척이나 어려졌다. 심지어 어떤 부모들은 아이가 모국어를 익히기도 전에 외국어를 가르치기도 한다. 여기서 이런 의문이 든다. 이런 조기교육이 공자가 말하는 "학문에 뜻을 두었다"는 의미일까? 거꾸로 생각해 공자는 열다섯 살 이전에는 공부를 하지 않았다는 뜻일까?

공자의 '학문에 뜻을 두었다'라는 말은 열다섯 살 이전에는 공부를 하지 않았다는 의미가 아니다. 열다섯 살이 되어서야 비로소 학습의 의미를 이해하게 되었다는 뜻이다.

그럼 여기서 '학문'이란 어떤 학문을 말하는 것일까? '예'를 배우는 것이라는 해석도 있고, 제사를 배우는 것이라는 주장도 있다. 예절을 시작으로 음악, 궁술, 승마, 글쓰기 그리고 수학 등에 이르는 배움이라고 말하는 사람도 있다.

나는 '열다섯 살에 학문에 뜻을 두었다'라는 말을 깊은 의미로 생각한다. 공자에게 열다섯 살은 삶의 터닝포인트를 맞게 된 시기였을 것이다. 열다섯 살 이전에는 노는 것만 좋아하다가 열다섯 살에 학문에 매료되었고, 학습으로 얻는 즐거움과 만족감이 노는 것보다 더 크다는 것을 깨달은 것이다. 안타깝게도 우리는 성인이 되었음에도 '학문에 뜻을 두는' 단계에 이르지 못한 사람들을 쉽게 볼 수 있다. 반면, 공자는 서른 살이 되었을 때 주변 사람들이 그에게 예를 묻는 경지에 이르렀다. 많은 사람이 공자에게 가르침을 청했고, 일을 처리하는 방법과 사람을 대하는 방법에 대해 자문을 구했다. 공자가 서른 살에 자신만의 전문 분야에서 입지를 굳혔기 때문이다. '이립'은 자신의 분야에서 누구의 도움도 받지 않고 당당히 서 있음을 말한다.

다음에 이어지는 "마흔 살에 미혹되지 않았다"라는 구절은 사람마다 해석이 다르다. 어떤 사람들은 공자가 마흔 살에 인생을 이해하고 통찰했을 것이라 해석한다. 하지만 공자는 이런 말을 했다. "나에게 몇 년의 시간을 빌려주어 쉰 살 때 '역易'을 배울 수 있다면 큰 허물이 없게 될 것이다加我數年, 五十以學『易』, 可以無大過矣." 여기서 '역易'은 『주역』을 말한다. 마흔 살에 인생을 이해했는데 굳이 쉰 살에 『주역』을 배울 필요가 있을까? 따라서 '미혹되지 않았다' 라는 말은 인생을 통달했다는 의미보다는 물질과 이익에 미혹되지 않았다는 의미로 해석해야 한다.

나도 취업을 준비할 때 물질적인 면을 최우선으로 생각했다. 당시 나는 명문대를 우수한 성적으로 졸업하고, 토론회에서 우승한 경험 때문에 여러 기업에서 취업 제안을 받아 득의양양했던 터였다. 나는 채용담당자에게 단도직입적으로 연봉을 물었다. 다행히 나를 좋게 보았던 채용담당자는 조언하듯 이렇게 말했다. "돈을 너무 중요하게 생각하면 안 됩니다. 돈보다는 장래성이 더 중요하니까요." 당시 오만했던 나는 다시 똑같은 질문을 했다. "그래서 월급이 얼마입니까?" 결국 업무와 관련된 대화는 조금도 나누지 못했다.

지금 청년들도 당시의 내 모습과 다르지 않을 것이다. 취업을 할 때 월급과 복리를 최우선으로 고려한다. 하지만 마흔 살을 넘기면 달라진다. 앞에서 살펴본 '진중하지 않으면 위엄이 없으니 학문도 견고할 수 없다'라는 구절처럼 마흔 살 이후에는 안정을 중요시하고 기반, 가치관, 사명을 가져야 한다. 바로 이런 태도가 공자가 말한 '미혹되지 않음'이다. 고로, '마흔 살에 미혹되지 않았다'는 것은 외부 사물에 속박되거나 방해받지 않고, 자기 일을 할 수 있는 인생 단계에 접어들었다는 것을 말한다.

"쉰 살에 천명을 알게 되었다"라는 구절을 보자. 여기서 '천명을 안다'는 것을 '운명을 알았다'는 의미로 해석하는 경우가 있다. 쉰 살이 되면 그저 흐르는 대로 움직이며 도전을 추구하지 않으며 활기가 없고, 무관심한 상태가 된다는 말을 한다. 하지만 나의 생각은 다르다.

영화 〈포레스트 검프Forrest Gump〉에서 주인공 검프는 베트남 전쟁에서 두 다리를 잃어 자포자기 상태로 살아가던 댄 중위를 만나 우정을 쌓아 간다. 어선을 타고 바다로 나간 그들은 폭풍우를 만나 온갖 고초를 겪게 되지만, 결국 만선을 이루고 귀향하게 된다. 댄 중위는 이 일을 계기로 삶의 의욕을 되찾고, 검프에게 새로운 인생을 선사해줘 감사하다는 인사를 한다. 이때 검프는 이렇게 대답한다. "댄 중위님은 신과 화해했어요!"

나는 바로 이 화해가 '천명을 안다'는 것으로 해석된다. 쉰 살이 되었을 때 자신이 해야 할 일을 차분히 하고, 내면의 평화를

이룬다면 더는 자신과 싸워 괴로워하거나 하늘을 원망하지 않을
수 있다.

마흔 살이 되어 외부 사물에 속박되지 않고, 쉰 살이 되어 내면
의 공포, 욕망을 이겨낸다면 예순 살에 더 높은 단계에 이를 수 있
다. "예순 살에 귀가 순해졌다"에서 '귀가 순해졌다'는 것은 다른
사람이 자신 앞에서 듣기 힘든 말을 했을지라도 그중에서 일리가
있는 부분을 받아들일 수 있다는 의미이다. 공자는 누군가로부터
"초라한 모습이 상갓집 개 같다纍纍若喪家之狗."는 말을 들은 적이 있
다. 하지만 이 이야기에 화를 내지 않았다. 오히려 자신의 모습을
잘 표현했다고까지 했다. 예순 살에 이런 경지에 오를 수 있는 사
람이 얼마나 될까? 여든 살에도 귀가 순해지지 않아 싸우고 논쟁
하는 경우가 많은데 말이다.

마지막으로 "일흔 살에 하고 싶은 대로 행동해도 법도에 어긋
나지 않았다"라는 구절을 살펴보자. 여기서 '하고 싶은 대로 행동
한다'는 것은 자유로운 상태를 의미한다. 말 그대로 하고 싶은 것
을 했는데도 사회 규칙에 어긋나지 않았다는 것이다.
일흔 살이 된 뒤 공자는 고향인 노나라로 돌아와 존경받는 노인
이 되었다. 이때 그는 이미 자신은 물론, 세상과도 화해한 상태로

어떤 경지도 넘을 필요가 없었다. 인생을 통달한 사람은 법률, 도덕, 윤리, 예법이 자신을 구속하는 게 아니라 보호하고 있음을 깨닫는다.

'율律'을 다룬 불교의 경율론經律論에서 부처는 마지막 가르침이 '계율을 스승으로 삼는 것'이라 했다. 막 출가한 동자승은 계율이 자신을 구속한다고 생각한다. 만약 대덕을 갖춘 고승이 이런 생각을 하는 동자승을 만난다면 "계율은 보살에게 비웃음당할 것을 우려해 자네를 보호해주는 것이네."라고 말해줄 것이다.

공자는 도덕과 예법이 인류를 보호한다는 것을 깨달았기에 '하고 싶은 대로 행동해도 법도에 어긋나지 않은' 편안하고 즐거운 상태에 이를 수 있었다. 사람들이 도덕, 예법, 규범 등이 자신이 원하는 바와 맞지 않다고 생각하며 구속감을 느끼고 괴로워하는 이유는 그들의 경지가 아직 높지 않기 때문이다.

인생에는 여러 가지 경지가 있다. 우리가 굳이 공자의 인생 단계와 비교해 따를 필요는 없다. 그저 인생의 경지를 순차적으로 높여야 한다는 것만 이해하면 그만이다. 공자의 인생 경지를 참고해서 인생 수련의 방향을 이해하고, 잠재력을 발굴하며, 조금씩 자신을 완성해 나가도록 하자.

사지이례事之以禮

효란 자고로,
예법을 어기지 않는 것이다

———— ◆ ————

맹의자가 효에 대해 물었다.

공자가 말하길 "어김이 없어야 합니다!"

번지가 수레를 모는데 공자가 말하길 "맹의지가 나에게 효에 대해 물어서 '어김이 없어야 한다'라고 말해주었다."

번지가 물어보길 "무슨 뜻입니까?"

공자가 대답하길 "살아계실 때는 예로써 섬기고, 돌아가시면 예로써 장사를 지내고 예로써 제사를 지내는 것이다."

孟懿子問孝. 子曰 "無違!"

樊遲御, 子告之曰 "孟孫問孝於我, 我對曰: '無違'.

樊遲曰 "何謂也?"

子曰 "生, 事之以禮; 死, 葬之以禮, 祭之以禮."

맹의자문효, 자왈 "무위!"

번지어, 자고지왈 "맹손문효어아, 아대왈: '무위'."
번지왈 "하위야?"
자왈 "생, 사지이례; 사, 장지이례, 제지이례."

　이 문장을 시작으로 효와 관련된 문장들이 계속 등장한다. 『논어』의 '위정'편에 효와 관련된 내용이 많은 이유는 나라를 통치하는 주요한 수단이 '효'였기 때문이다.

　우리는 먼저 공자가 살았던 시대의 배경을 이해해야 한다. 당시 주나라는 이미 통치력을 잃은 상태였고, 노나라 군주도 힘을 잃어 삼환씨三桓氏가 정권을 장악하고 있었다. 여기서 삼환씨란 계손씨季孫氏, 맹손씨孟孫氏, 숙손씨叔孫氏의 세 집안을 말한다. 삼환씨가 서로 권력을 나누어 노나라의 정사를 관리했던 것이다.

　맹손씨의 책임자인 맹의자孟懿子는 겉으로는 공자를 스승으로 존경하고 가르침을 청하였다. 하지만 공자와 맹의자의 실제 모습은 군신 관계였다. 제자가 권력자이면 자칫 잘못된 가르침으로 압력을 받고 위험에 처할 수 있다. 이에 공자는 맹자와의 대화에서 무언가 몸을 사리는 듯한 모습을 보인다.

　맹의자가 공자에게 물었다. "효란 무엇입니까?" 공자가 답했다. "어김이 없어야 합니다." 공자의 답변치고는 너무 두루뭉술

했다. 맹의자는 과연 공자의 말을 이해했을까? 맹의자는 다시 질문하지 않았다. 공자도 더 자세히 설명하지 않았다. 공자는 마음속 말을 다 하지 못해 불편했을 것이고, 맹의자는 공자가 정확하게 설명하지 않았음을 알아차렸을 것이다.

공자의 제자 중 농사일을 즐기는 번지樊遲라는 제자가 있었다. 공자가 수레를 몰고 있는 번지에게 맹의자와 나눈 대화를 이야기했다. "맹의자가 효에 대해 물어서 어김이 없어야 한다고 말했다." 공자와 사이가 좋았던 번지는 스스럼없이 물었다. "왜 뜻 모를 말씀을 하셨습니까? 어김이 없다는 게 무슨 뜻입니까?" 공자는 번지에게 이렇게 설명했다.

"살아계실 때는 예로써 섬기고, 돌아가시면 예로써 장사를 지내고, 예로써 제사를 지내는 것이다." 이것이 바로 공자가 말한 어김이 없다는 것으로 예법에 따라야 한다는 의미였다.

첫 구절 "살아계실 때는 예로써 섬긴다"는 것은 예법에 맞추어 부모를 대하는 것이다.

공자는 자식도 하나의 독립된 인격체로 대했다. 무작정 부모의 말을 따르는 것이 아닌, 예법에 따라 부모를 섬기면 된다고 생각했다. "돌아가시면 예로써 장사를 지내고, 예로써 제사를 지내는 것"은 절제를 의미한다. 당시의 귀족들은 부모의 시신과 함께 사치스러운 장신구와 공물을 땅속에 묻었다. 이 역시 그저 과하지 않게 예법에 맞게 장례의식을 치르면 된다는 뜻이다.

　공자가 맹의자에게 이런 말을 한 이유는 무엇일까? 노나라 정권을 잡은 계손씨, 맹손씨, 숙손씨가 규범에 벗어난 일을 했기 때문이다. 『논어』에 "세 집안이 '시경'의 '옹雍'을 노래하면서 철상을 했다三家者以〈雍〉徹"라는 구절이 있다. 세 집안이 조상들의 제사를 지내면서 국가 제사를 지낼 때 사용하는 제사 음악을 사용했다는 뜻이다. 이것은 귀족의 예법에 맞지 않은 일이다. 예법을 어겼다고 생각한 공자는 더는 참지 못하고 세 가문을 비난했다.

　공자는 조상에게 효를 다하고 싶다면 조상의 지위를 함부로 높이거나 신분에 맞지 않는 대우를 해서는 안 된다고 생각했다. 황제, 군왕의 방식으로 조상의 제사를 지내는 것은 사실상 조상의 얼굴에 먹칠을 하는 일이었다. 공자가 일컫은 '효가 어김이 없어야 한다'는 것은 예법을 위반하지 않는 것을 의미한다.

　공자의 '효'에 대한 이야기는 계속 등장한다. 공자는 대화 상대에 따라서 효에 대한 정의를 다르게 내렸다. 공자는 상대방의 눈높이에 맞게 가르치는 것을 중요하게 생각했기 때문이다.

부모유기질지우 父母唯其疾之憂

효란 자고로,
내 인생을 온전히 책임지는 것이다

◆

맹무백이 효에 대해 물었다.

공자가 말하길 "부모가 오직 아플까만 걱정하는 것이
다."

孟武伯問孝. 子曰 "父母唯其疾之憂."

맹무백문효. 자왈 "부모유기질지우."

이 문장은 앞 문장보다 한 세대가 지난 시점의 이야기이다.

효를 묻는 맹의자의 아들 맹무백에게 공자는 "부모가 오직 아
플까만 걱정하는 것이다."라고 대답했다.

이 문장을 해석하는 방법은 세 가지가 있다. 첫 번째 해석은 부
모가 병이 나는 것을 걱정한다는 뜻이다. '긴 병에 효자 없다'라는

말이 있다. 부모가 중병이 들면 자식은 밤낮으로 부모를 간호하다 지치게 마련이다. 이런 뜻이라면 문장 속에 '오직'이란 뜻을 가진 '유(唯)'는 해석할 필요가 없을 것 같다.

두 번째는 효도의 개념을 분석한 것이라는 해석이다. 부모가 병이 나는 것만 걱정하고, 다른 일까지 걱정할 필요는 없다고 '효의 범위를 설명하는 문장'이라는 것이다.

효에 관한 맹자와 그의 제자 도응桃應의 대화를 살펴보자.

도응이 맹자에게 물었다. "순임금의 아버지 고수瞽瞍가 사람을 죽여 고요皐陶가 법률을 집행한다면 순임금은 어떻게 행동할까요?"

맹자가 대답했다. "고요에게 법에 따라 처벌하라 했을 거네."

도응이 다시 물었다. "순임금이 아버지를 죽이려는 고요를 막지 않았을 거라는 겁니까?"

맹자가 설명했다. "순임금은 천자이니 법률을 준수해야 하네. 고요가 공정하게 법을 집행하는데, 순임금이 어찌 간섭할 수 있겠는가?" 도요가 다시 물었다. "그럼 순임금은 아버지의 죽음을 바라만 보고 계셨겠습니까?" 맹자가 말했다. "순임금은 아버지를 구하기 위해 나라를 버리셨을 거네. 아버지를 등에 업고 도망가 해안가에 숨어 사셨겠지."

맹자와 도응의 대화에서 내가 얻은 교훈은 자식은 부모의 일을 대신 처리할 필요가 없다는 것이다. 자식은 부모의 일에 참견할 필요가 없으며, 가장 중요하고 필요할 때 부모에게 존경심을 표현하면 그만인 것이다.

가정의 윤리와 질서에 관해 다루는 책들은 많다. 예를 들어 『너의 잘못이 아니야: 어린 시절 상처를 치유하는 법It Wasn't Your Fault: Freeing Yourself from the Shame caused by Childhood Abuse with the Power of Self-Compassion』에서는 부모가 늙고 자식이 집안의 가장이 되었을 때 자식들이 부모의 일상생활에 간섭하는 경우가 많다는 점을 지적한다. 저자는 아버지와 어머니의 싸움을 지켜보던 한 자식의 이야기를 예로 든다. "아빠는 왜 그렇게 말하는 거예요? 엄마랑 싸우지 마세요!" 부부의 잘잘못을 따지기 전에 자식이 비판적 태도로 부모들의 일에 간섭하는 것은 가정의 질서를 흔들리게 한다.

공자의 '효'에 관한 개념도 이와 맥을 같이 한다. "부모가 오직 아플까만 걱정하는 것이다"라는 말의 핵심은 부모가 병이 들어 자식이 간호해야 하는 상황 외에 다른 일에서는 부모의 결정을 존중해야 한다는 의미이다. 부모의 인생인 만큼 그들의 선택은 존중받아야 한다. 자식이 사사건건 부모의 일에 간섭하는 것은 효라 말할 수 없다.

세 번째 진정한 효에 대한 해석은 성인이 된 자식이 부모에게 걱정을 끼치지 않는 것이다. 자식 걱정을 내려놓지 못하는 부모들이 있다. 경제 사정이 좋지 않은 자식을 걱정해 매달 돈을 보내고, 집을 장만하는 자식을 위해 부모의 전 재산을 내놓고, 좋은 배우자와 결혼하라고 재촉하고, 얼른 자식을 낳으라고 독려하고, 손주의 학교까지 걱정한다.

부모의 자식 걱정은 끝이 없다. 이러니 부모에 대한 은혜는 아무리 노력해도 갚을 수 없는 빚이 되고 만다. 자식은 그 은혜를 평생 갚아야 한다. 그중 가장 첫 번째 해야 할 일은 본인의 삶을 책임지는 것이다. 자기 삶을 오롯이 책임지지 못하는 자식들에 대한 부모의 걱정은 끝이 없기 때문에 효의 정수는 온전히 자신의 인생을 책임지고 부모의 걱정을 떨쳐 버리는 일이다.

공자가 맹무백에게 전하고 싶었던 뜻이 바로 세 번째 해석이라고 생각한다. 맹손씨의 계승자였던 맹부백은 권력과 세력을 든든히 등에 업은 탓에 반란을 일으킬 가능성이 있었다. 그는 마음만 먹으면 언제든지 노나라 군주의 자리를 차지할 수 있었다. 반면 공자는 노나라 군주를 지키고 싶어 했다. 그래서 맹무백에게 "효도를 하고 싶다면 일을 신중하게 처리해서 부모에게 걱정을 끼치지 말아야 한다."라고 말한 것이다.

세 가지 해석 중에서 어떤 것이 옳고 그른지 가려낼 필요는 없다. 자신에게 맞는 해석을 받아들여 도움을 받을 수 있다면 그것으로 충분하다. 그리고 세 가지 해석은 나름대로 다 도움이 되는 생각들이다. 우리가 어떤 삶의 태도를 견지하고, 부모와 얼마나 많이 소통하는 것이 중요한지를 알려주는 것이다. 부모가 자식을 걱정하는 이유는 자식이 자신의 삶을 책임지지 못해서일 수도 있고, 부모와 소통하지 않아서일 수도 있기 때문이다.

자기 삶이 어떤지 진솔하게 부모를 이해시키려 해 본 적이 있는가? 그런 적이 없다면 부모님과 많은 이야기를 나누어 보자. 그래서 부모의 걱정을 덜어드리자. 그러면 부모들도 자식들에게 마음 편히 '건강 잘 챙겨라'라는 정도의 안부만 물을 것이다.

자유문효 子游問孝

효란 자고로, 공경하는 마음을 담아 부모를 대하는 것이다

◆

자유가 효에 대해 물었다.

공자가 말하길 "오늘날 효도를 부양하는 거라 말한다. 하지만 개와 말도 기를 수 있으니 공경하시 않는다면 무슨 차이가 있겠느냐?"

子游問孝. 子曰 "今之孝者, 是謂能養. 至於犬馬, 皆能有養; 不敬, 何以別乎?"

자유문효. 자왈 "금지효자, 시위능양. 지어견마, 개능유양; 불경, 하이별호?"

공자보다 45살 어린 제자였던 자유子游가 공자에게 효가 무엇이냐고 물었다. 평민이었던 자유를 대하는 공자는 귀족 제자에게 하던 것과는 달랐다. 공자는 귀족 제자에게는 요점만 짧게 설명하며 아부하려 하지 않았다.

"효는 어김이 없는 것"이라는 공자의 가르침에 노^魯나라 문신관이었던 맹의자가 더 많은 질문을 했다면 공자는 자세히 설명을 해줬을 것이다. 그러나 맹의자는 질문하지 않았기에 공자도 더 이상 설명하지 않았다. 반면, 평민 제자였던 번지에게는 자세한 의미를 알려주었다. 효에 대해 물었던 자유에게도 명확하게 설명해준다.

공자는 먼저 효를 부양하는 것으로만 생각하는 점을 지적한다. 가령 자식이 부모에게 집을 마련해주고, 차를 사주고, 여행을 같이 다니고, 용돈을 드리는 것이 효도라는 생각이다. 하지만 공자는 "개와 말도 기를 수 있느니"라고 말한다. 짐승들도 돌보는 일에 소홀히 하지 않는다며 "공경하지 않는다면 무슨 차이가 있겠느냐?"고 묻는다. 부모를 봉양할 때 존경하는 태도가 없다면 개와 말을 기르는 것과 차이가 없다는 것이다.

상당히 과격한 어조의 문장이다. 공자가 이 말을 했을 때는 여생이 얼마 남지 않은 상태였다. 더구나 마음이 편치 않았던 일도 있었다.

하루는 공자가 조정에 갔다가 돌아온 제자에게 나라에 무슨 일이 생겼냐고 물었다. 그런데 제자가 조정에서 큰일을 토론했다고만 말하고 자세한 내용을 알려주지 않았다.

공자는 "네가 나에게 알려주지 않은 일을 나는 많이 들었다"라고 말했다. 노년의 공자는 생각을 제대로 정리할 수 없어 심란해했던 것 같다. 공자의 제자들은 "나라의 큰일을 다루고 있으니 묻지 마십시오"라고 말하며 공자를 아이처럼 취급했다. 이런 일을 겪은 공자는 효에 대해 묻는 자유에게 개와 말을 기르는 것처럼 노인을 봉양하지 말라고 했다. 나이 많은 노인의 심정을 대변한 것이다.

효는 부모의 마음을 헤아리는 것이다. 그저 미루어 짐작해 보양식을 해드리고, 고운 옷을 지어드리며, 걱정할 일을 알려드리지 않는 것이 아니다. 그들의 생각을 읽고, 이야기를 들어주고 함께 고민하며 하나의 인격체로 공경하는 것이 진정한 효라 할 수 있다.

색난色難

효란 자고로, 웃는 얼굴로
부모를 바라보는 것이다

◆

자유가 효에 대해 물었다.

공자가 말하길 "색난이다! 일이 있을 때 제자가 대신하고, 술과 음식이 있으면 먼저 드리는 것을 효라고 여기는 것이냐?"

子夏問孝. 子曰 "色難! 有事, 弟子服其勞; 有酒食, 先生饌, 曾是以爲孝乎?"

자유문효. 자왈 "색난! 유사, 제자복기로; 유주사, 선생찬, 증시이위효호?"

공자가 말한 "색난色難"은 '상냥한 얼굴을 하는 것이 가장 어렵다'는 의미이다. 노인을 대할 때 상냥한 표정을 짓는 것은 쉽지 않은 일이다. 반면, 어린아이에게는 자연스럽게 부드러운 미소를 짓게 마련이다. 두세 살 된 아이를 바라보는 부모의 표정은 항상 부드럽고 온화하다. 부모의 입에서는 연신 '잘한다', '귀엽다'는 말이 자연스레 흘러나온다. 어른들에게 아이는 희망이자 행복이기 때문이다. 반면, 우리는 노인의 모습을 보면 측은함부터 느낀다. 아무리 잘 보살펴도 노인들은 점점 더 노쇠해지고, 병이 들며, 죽음을 피할 수 없다. 자연법칙이란 그런 것이다. 노인은 시간이 갈수록 거동이 불편해지며 기억력도 감퇴한다.

"상냥한 얼굴을 하는 게 어렵다"는 공자의 말이 떠오르는 일화가 있다. 한 노인이 새 한 마리를 가리키며 아들에게 물었다. "아들아, 저게 뭐냐?" 아들이 대수롭지 않게 대답했다. "참새예요." 잠시 뒤 노인이 다시 똑같은 것을 보고 "저게 뭐냐?"라고 물었다. 아들이 다시 대답했다. "참새예요." 또다시 노인이 묻자 아들은 짜증을 냈다. "참새, 참새, 참새라고요!"

시간이 지난 후 노인이 아들에게 일기장을 건네주었다. 아들의 어린 시절을 기록한 일기였다. 세 살 무렵의 아들이 물었다. "저건 뭐예요?" 아버지가 부드러운 목소리로 말했다. "저건 꽃이라는 거야." 아들은 일곱 번이나 같은 질문을 했다. 아버지의 대답은 한결같이 부드러웠다.

아이가 질문을 하면 우리는 몇 번이든 인내심을 가지고 설명을 해주지만, 노인이 세 번 이상 같은 질문을 하는 건 참지 못한다.

간호사를 양성하고 선발하던 어느 교수가 질문을 던졌다.
"언어능력을 상실했고, 가끔 폭력적으로 변하는 경향이 있으며, 대소변을 가리지 못합니다. 스스로 움직일 능력이 없어 가끔 기어 다닐 수는 있지만, 두 발로 걸을 수는 없습니다. 이런 노인 환자들을 어떻게 돌보아야 할까요?" 젊은 간호사들은 다들 고개를 저으며 그런 환자를 맡고 싶지 않다고 대답했다. 교수는 그들에게 "그럼 생후 1년이 된 아기는 돌볼 수 있냐?"고 물었다. 간호사들은 미소를 지으며 얼마든지 환영한다는 듯 고개를 힘차게 끄덕였다. 그러자 교수는 이렇게 대답했다. "그럼 노인들도 얼마든지 돌볼 수 있겠군요."

걷지 못하고 대소변을 못 가리는 것은 노인이나 아기나 마찬가지다. 하지만 노인과 아기를 돌보는 것에 대해 선호도가 달라지는 이유는 우리가 그들에게서 느끼는 감정이 다르기 때문이다. 이런 감정은 극복하고 싶어도 쉽지 않다. 사람은 누구나 생기발랄한 것을 좋아하고, 쇠약하고 무력감이 느껴지는 것들은 피하고 싶어 하기 때문이다. 이것이 바로 자기 수련이 필요한 이유다. 노인을 대할 때 상냥한 표정을 짓는 게 가장 어렵다는 의미의 '색난'을 기억하고 마음가짐을 다시 한번 재정리해보자.

다음 문장인 "일이 있을 때 제자가 대신한다"는 것은 아랫사람이 대신 일을 처리한다는 의미이다. 공자의 제자들이 '스승님은 가만히 계십시오. 제가 하겠습니다'라고 말하며 공자를 돌보았던 것처럼 말이다. 이어지는 "술과 음식이 있으면 먼저 드린다"라는 구절은 맛있는 음식과 음료가 있으면 어른에게 먼저 대접하는 것을 말한다.

마지막으로 공자는 "일을 대신하고 음식을 먼저 드리는 것을 '효'라고 여기는 것이냐?"라고 묻는다. 이 말은 앞에 소개한 '개와 말도 기를 수 있다'라는 말과 의미가 같다. 공경심이 없다면 효가 아니라는 것이다.

나이가 들면 경제적으로 자식에게 의지하게 된다. 자식의 집에서 손자를 대신 돌봐주고, 자질구레한 일을 하며 도와주면서도 자식의 말에 무조건 순종하는 부모들이 있다. 심지어는 자신을 가치 없는 사람이라고 비하하는 경우도 많다. 부모들이 돈을 받지 않고 손자들을 돌봐주면, 자식들은 그 일을 하찮은 일이라 여기며 부모들을 무시하게 된다. 부모가 돈이 아깝다면서 여행을 가지 않으려 하거나 고급 음식이나 옷을 사드려도 꺼려하는 모습에 불만을 쏟는 자녀들도 있다. 이런 불만은 언뜻 부모를 위하는 것 같지만, 사실은 자기 내면의 공허가 채워지지 않은 데 따른 분노에 불과하다. 자신이 효자라는 걸 증명하고 싶은데 마음대로 따라 주지 않는 부모에 대한 짜증 섞인 투정인 것이다. 하지만 이런 질책과 원망은 부모에게 상처만 안길 뿐이다.

우리는 자신의 행동이 정말 부모를 위한 것인지, 아니면 자신을 위한 것인지를 명확히 구분해야 할 필요가 있다. 만약 자신의 행동이 부모를 위한 일이라고 판단되면, 그 일을 하되 공경심을 잃지 말아야 효라고 할 수 있다. 부모와 함께 있을 때는 항상 '색난'이란 말을 떠올리자. 상냥한 표정으로 부모를 대하는 것이 효의 출발점이라는 것을 명심하자.

회야불우 回也不愚

문제 속에서
문제를 찾는 안회의 고찰

---◆---

공자가 말하길 "내가 회와 온종일 이야기를 했는데 어
김이 없는 게 어리석은 것 같았다. 물러간 뒤에 그 생
활을 살펴보니, 충분히 실천하고 있었다. 회는 어리
석지 않구나!"

子曰 "吾與回言終日, 不違, 如愚. 退而省其私, 亦足以發.
回也不愚!"

자왈 "오여회언종일, 불위, 여우. 퇴이성기사, 역족이
발. 회야불우!"

공자의 제자 안회가 마침내 등장했다. 안회는 공자의 총애를 받
은 제자였다.

공자가 말했다. "내가 하루 종일 안회와 대화를 나누었는데, 안

회는 내가 하는 말에 질문을 하거나 반박을 하지 않았다." 이는 안회가 공자가 한 말을 곧이곧대로 들었다는 의미이다. 얼핏 보면 안회는 자기 생각이 부족한 사람 같다. 안회를 제외한 자공, 자로, 재여宰予를 비롯한 다른 제자들은 공자에게 질문하고 의문을 제기하며, 공자와 함께 토론하고 연구했다. 때문에 공자는 아무 말 없이 고개만 끄덕이는 안회를 보고 머리가 나쁜 것이 아닐까 의심했다. 그렇지 않다면 자기 말에 아무런 의문도 제기하지 않고, 곧이곧대로 따르려 하지는 않을 테니 말이다.

중간 부분에 나오는 구절인 "물러간 뒤에 그 생활을 살펴보았다"는 것은 공자가 안회의 품행을 살펴보았다는 의미이다. 공자는 안회가 자신이 알려준 내용을 실천하는지 관찰했는데, 우려와는 달리 안회는 '충분히 실천'을 하고 있었다. 안회는 가타부타 따지거나 반박하지 않고, 행동을 통해 실천하고 발전시키고 있었던 것이다. 공자는 '안회는 머리가 나쁘지 않다'라고 말하며 흡족한 마음을 표현했다.

안회에 대한 공자의 말을 SNS에 올리자 공유횟수가 수천 회에 달했다. 많은 사람이 이 문장에 공감한 이유는 무엇일까? 질문에 답하기 전에 우리는 먼저 질문을 던지거나 반박하지 않는 안회를 생각해 봐야 한다. 자공과 자로가 질문을 많이 했던 것은 어쩌면 그들이 독립적으로 생각하는 능력이 부족해 스승에게 너무 의지했기 때문일 수 있다. 자신만의 생각이 부족한 탓에 세세한 부분까지 질문하고 토론할 수밖에 없었을 지도 모른다.

'판덩독서'에서 책을 소개할 때 나는 "판 선생님이 설명해주신 책을 이해하기가 어려워요. 너무 어렵게 설명하시는 거 아닌가요?"라는 말을 자주 들었다. 그럴 때면 나는 "돌아가서 다시 생각해보십시오."라고 대답한다. 질문이나 토론을 싫어해서가 아니다. 어떤 문제를 이해하려면 충분한 시간이 필요하다. 그렇게 해야 문제를 전체적으로 파악하고 깊이 이해할 수 있다. 질문을 받았을 때 내가 바로 설명해주게 되면 상대방은 본인의 문제 제기의 정당성을 지키기 위해 반박을 하게 마련이다. 반박만 하다 보면 깊은 생각에 빠져들 수 없고, 다른 이의 관점을 받아들이려 하지 않게 된다.

안회는 어떻게 행동했을까? '어김이 없다'라는 말은 '생각이 없어서 스승의 말을 곧이곧대로 따랐다'는 의미가 아니다. 스승님이 하신 말씀이 모두 옳았을 리는 없다. '그렇다면 어떻게 해야 할까?' 깊은 생각에 빠진 안회는 공자의 말에서 배워야 할 내용은 실천했고, 고쳐야 할 부분은 곰곰이 연구하고 고민해 스스로 답을 찾았다. 이 때문에 공자는 안회를 '어리석지 않다'라고 평가한 것이다.

어느 수행자가 승려를 찾아가 하소연을 했다. 스승의 수준이 너무 낮고, 채신도 없고, 계율도 자주 위반해 더 이상 제자로 있고 싶지 않다는 것이다. 수행자의 말을 끝까지 들은 승려는 갑자기 사탕 하나를 꺼내 모래사장 위에 던졌다. 잠시 후 모래사장에 나타난 개미 떼가 사탕을 옮기기 시작했다. 그 모습을 지켜보던 승려가 수행자에게 물었다.

"저기 좀 보게. 신기하지 않은가? 모래는 그대로 두고 사탕만 옮기는 이유가 뭐라 생각하는가?" 수행자가 대답했다. "개미는 멍청하지 않습니다. 모래는 쓸모없는 반면 사탕은 먹을 수 있다는 것을 아니까요." 승려가 말했다. "그럼, 자네는 어째서 쓸모있는 사탕은 놔두고 모래를 옮기려 하는가? 스승의 나쁜 점만 관찰하지 말고 유용한 부분을 배우고 가치가 있는 부분만 보도록 하게."

안회는 스승의 가르침에서 가치 있는 부분을 재빠르게 찾아내 자신의 것으로 만들 줄 알았다. 다른 제자들이 질문이 많았던 이유는 안회만큼 생각이 빠르지 못했기 때문이다. 자공은 안회를 '하나를 들으면 열을 아는 사람'이라고 평가했다. 공자의 말에서 핵심을 빠르게 포착해 낼 줄 알았던 안회는 스승의 자세한 설명이 필요 없었다.

이 문장이 SNS에서 많은 조회수를 기록한 이유는 현시대를 사는 우리의 일과 관련이 있기 때문이다. 회사에는 항상 '프로불편러'들이 있다. 프로불편러는 매사 예민하고, 별것도 아닌 일에도 부정적인 여론을 형성해서 논쟁을 부추기는 유난스러운 사람을 일컫는 신조어다. 프로불편러는 항상 회의 때마다 '이건 옳지 않아. 나는 동의할 수 없어'라며 다른 사람의 의견에 반박한다. 이들은 회사에 반대 의견을 제시해야만 자신의 존재감과 가치를 드러낼 수 있고, 유능한 사람으로 보일 수 있다고 착각한다. 하지만 안회처럼 어김이 없어 언뜻 어리석어 보일지라도 조용히 생각을 정리해서 표현해야 소통 비용을 아낄 수 있다. 물론 질문은 중요하다. 안회 역시 전혀 질문을 하지 않은 것은 아니다. 차이점이 있다면 다른 사람에게 질문을 하기 전에 잠시 시간을 들여, 스스로 생각을 했다는 점이다.

나는 질문한 사람에게 곧바로 답을 알려주지 않을 때가 가끔 있다. 그 이유는 그 사람이 스스로 생각하려 하지 않고, 다른 사람에게 쉽게 답을 구하려고만 하기 때문이다. 습관적으로 자신의 미래를 다른 사람에게 맡기려 하는 사람들이 있다. 직접 문제를 풀려고 하지 않고 교사의 설명에만 의지하려는 학생들이 있다. 깊은 생각을 거쳐야 가치 있는 질문을 할 수 있고, 문제 중 대부분은 생각하는 과정에서 해결되는 경우가 많다.

『코칭 리더십Coaching for Performance』의 저자인 '리더를 위한 코칭 연구소'의 엘리자베트 하버라이트너는 자각과 책임감의 중요성에 대해 언급한다. 모든 사람이 잠재력이 있다고 믿고 적극적으로 책임을 지려 한다면, 스스로 문제를 해결하며 자신의 성장을 도모할 수 있게 된다고 말한다.

공자가 제자 중에서 안회를 유독 아꼈던 이유는 안회가 자각과 책임감이 있는 사람이기 때문이다. 안회는 이해하기 어려운 문제가 생기면 곧장 질문하거나 함부로 말하지 않았다. 안회는 모든 문제를 신중하게 생각한 뒤에 말을 내뱉었다. 이것이 바로 "어김이 없는 게 어리석지 않다"라는 구절에 담겨 있는 깊은 의미이다.

인언수재 人焉瘦哉

세 가지로 상대의 인품을
파악하는 공자의 통찰력

---◆---

공자가 말하길 "그 사람의 행동을 보고, 이유를 살피고, 편안함을 관찰한다면 자신을 어떻게 숨길 수 있겠느냐? 어떻게 숨길 수 있겠느냐?"

子曰 "視其所以, 觀其所由, 察其所安. 人焉瘦哉? 人焉瘦哉?"

자왈 "시기소이, 관기소유, 찰기소안. 인언수재? 인언수재?"

상대방을 파악하는 방법에 대한 대답으로, 공자의 통찰력이 담겨 있는 문장이다.

공자의 사람 파악하는 방법을 다루기 전에 공자 사후 100년 뒤 세상에 나온 맹자는 사람을 어떻게 파악했는지 살펴보자. 맹자의 방법은 아주 단순하다.

"사람을 살피는데 눈동자보다 더 좋은 것은 없다. 눈은 악한 마음을 숨기지 못한다. 마음이 바르면 눈동자가 밝고, 바르지 못하면 눈동자가 흐리다. 그러니 그 말을 듣고 그 눈동자를 살피면 어떻게 숨길 수 있겠는가存乎人者, 莫良於眸子. 眸子不能掩其惡. 胸中正, 則眸子瞭焉. 胸中不正, 則眸子眊焉. 聽其言也, 觀其眸子, 人焉廋哉?"

맹자는 바른 사람은 눈동자가 밝게 빛난다고 말한다. 반면 눈에 빛이 없고, 어두우면서 이리저리 움직이는 사람은 악한 사람이라고 한다.

맹자의 말 중에 '수廋'라는 한자는 '숨기다'라는 의미이다. 눈동자는 마음을 숨기거나 은폐할 수가 없으니 예리한 사람은 상대방의 눈동자를 보고 어떤 사람인지 파악할 수 있는 것이다.

공자가 사람을 판별하는 관점은 맹자보다 더 엄격하다. 그는 세 가지 부분으로 사람을 파악해야 한다고 말한다. 그 사람의 행동을 보고, 이유를 살피고, 편안함을 살피는 것이다. 이 세 가지를 각각 한 단어로 요약하면 '사명', '비전', '가치관'이다.

첫 구절인 "그 사람의 행동을 본다"에서 '써 이(以)'는 실행하는 방법을 말한다. 전체 의미를 해석하면 그 사람이 어떤 방법으로

나는 불안할 때 논어를 읽는다

일을 하는지 관찰한다는 의미이다. 예를 들어 인간관계에 능숙한 사람 중에는 지나치게 개인주의와 배금주의에 빠진 사람들이 많다. 이런 사람들은 사리사욕을 꾀하기 위해 패거리를 만드는 것이 가장 좋은 수단이라고 착각한다. 이처럼 패거리를 지어 작당하는 것은 소인배들이나 하는 일이다.

이어지는 구절 "이유를 살핀다"는 그 사람의 동기를 살핀다는 뜻이다. 사람의 동기가 자신의 사욕과 체면을 만족시키고 더 나은 생활을 하기 위함인지, 아니면 나라와 국민과 타인을 위한 것인지를 살펴야 한다는 것이다.

다음 구절 "편안함을 관찰한다"에서 '편안함安'은 그 사람이 어떤 상황에서 편안해하는지 관찰하는 것이다. 어느 시간, 어느 곳에서, 어떤 사람과 있을 때 편안해하는지를 살피면 그 사람의 미래를 내다볼 수 있다. 가령 좋지 않은 친구들과 어울리며 술에 빠져 살고 허세를 부리며 도박을 즐기는지, 아니면 배우려는 사람들과 토론하는 것을 즐기는지 살피는 것이다.

공자는 사람을 파악하려면 그 사람이 일하는 방식, 일하는 이유, 가장 편안해하는 생활 방식을 살펴야 한다고 말했다. 이 세 가지를 살피면 사람들의 인격을 판단할 수 있다. 하지만 많은 사람이 상대방의 참모습을 파악하는 데 어려움을 겪는다. 특히 그중에서도 배우자를 선택할 때 고난을 겪으며 많은 실수를 한다. 단순히 재산은 어느 정도 있는지, 나를 위해 돈을 어느 정도 쓰는지, 심지어 내가 곤란한 일을 겪을 때 대신 해결해줄 수 있는지를 보고 배우자의 됨됨이를 판단하는 사람들이 있다.

상대방이 어떤 태도로 자신을 대하는지에 국한돼서 사람을 파악하려 한다면 제대로 된 평가를 내릴 수 없다. 우리는 상대를 볼 때 그가 어떤 방식으로 일을 처리하는지, 어떤 동기를 품고 있는지, 어떨 때 가장 편안해하는지, 무엇에 흥미를 갖고 있는지, 어떤 친구를 사귀는지 등을 살펴봐야 한다. 그리고 사람의 인품은 바로 이런 부분들에서 드러나게 마련이다.

그래서 나는 좋은 배우자를 고르는 방법으로 상대방이 배우자가 될 사람이 아닌, 다른 사람을 어떻게 대하는지를 관찰하라고 조언해준다. 연애 초기의 연인들은 도파민 호르몬 생성으로 배우자로 삼고 싶은 사람에게 헌신을 쏟는다. 그러므로 너무 잘해주는 사람도 경계해야 한다. 극단적인 성향을 가진 사람일 수도 있다. 그러니 배우자가 될 사람이 내가 아닌 그 사람의 가족이나 친구, 더 나아가 낯선 사람들을 어떻게 대하는지를 살펴보자. 그리고 이것이 바로 공자가 말한 상대를 파악하는 방법의 핵심이다.

온고이지신 溫故而知新
우리 모두는
누군가의 스승이 된다

◆

공자가 말하길 "옛것을 익혀 새로운 것을 알면 스승이
될 수 있다."
子曰 "溫故而知新, 可以爲師矣."
자왈 "온고이지신, 가이위사의."

어린 시절부터 자주 들어온 문장이다. 스승이 되고자 한다면 옛
것을 익혀서 새로운 것을 알아야 한다. 이렇게 짧은 문장을 단독
으로 수록한 이유는 뭘까? 나는 공자가 많은 사람이 스승으로서
더 많은 지식을 세상에 전파하기를 바랐기 때문이라고 생각한다.

공자는 당시로서는 획기적인 교육 철학을 정립했다. 요샛말로
교육 시장의 '블루오션'을 개척한 셈이다. 당시 교육은 귀족들만

받는 것이라는 생각이 지배적인 분위기라 글을 아는 사람은 극소수였다. 그런데 공자는 이에 반기를 들 듯 이렇게 말했다.

"속수 이상의 예를 표시한 사람을 내가 일찍이 가르치지 않은 적이 없었다自行束脩之以上, 吾未嘗無誨焉."

여기서 '속수束脩'는 육포 열 개를 말한다. 공자는 천민이건 귀족이건 육포 열 개 정도를 가져온다면 신분을 따지지 않고 사람들을 가르쳤다. 하지만 공자는 혼자 이 교육 시장을 관리할 수 없다는 것을 깨달았다. 최대 3천 명의 제자까지 거느렸던 공자는 한계에 다다르게 된다. 이에 많은 사람이 스승이 되어 더 많은 교육을 실천하길 바라는 마음에 이렇게 언급했던 것 같다.

누군가가 공자에게 말했다. "저는 스승님처럼 높은 경지에 오를 수도 없고, 지혜로울 수도 없으니 스승이 되기에 적합하지 않습니다." 그러자 공자는 이렇게 대답했다. "옛것을 익혀 새로운 것을 알면 스승이 될 수 있다." 공자의 참뜻은 배운 것을 그대로 따르기만 해서는 안 된다는 의미를 담고 있다. 스승이 한 말을 그대로 외워서 전달하는 것은 의미가 없다. 공자의 말에 담긴 이치를 깨닫고, 익히고, 응용하기 위해서는 자신의 생각을 첨가해야 한다. 공자의 가르침에서 유용한 부분만 골라 자신의 것으로 만들었던 안회같은 사람이 좋은 스승의 표본이다.

"옛것을 익혀 새로운 것을 안다"는 문장에서 '익힌다'라는 의미의 '온溫'은 작은 불로 천천히 익힌다는 뜻이다. 공자는 제자들이 자신의 가르침을 천천히 이해하고 익힌 뒤, 새로운 깨달음을 얻기를 바랐다. 이 세상에 좋은 것들은 모두 천천히 얻어지는 만큼, '천천히 얻지 못하는 것은 아무것도 얻지 못하는 것과 같다'는 독일 철학자 니체의 말도 공자와 뜻을 같이 한다.

"옛것을 익힌다"는 것은 옛것을 반복해서 고민한다는 의미도 담고 있다. 나는 옛것을 익혔을 때 세 가지 유형의 결과가 나올 수 있다고 생각한다. 첫 번째 결과는 옛것을 익혔지만, 아무것도 얻지 못하는 것이다. 옛것을 오래 익혔음에도 아무 의미도 이해하지 못한다면 당장 스승이 되기에는 부족한 사람이다. 두 번째, 옛것을 익혀 약간의 깨달음을 얻고, 그 속에 담긴 이치를 깨닫는 상태를 말한다. 세 번째, 옛것을 익혀 새것을 아는 것이다. 과거의 경험을 천천히 되짚어보면서 현재의 상황에 맞게 새롭게 응용하는 것이다. 이 중 세 번째가 바로 "옛것을 익혀 새로운 것을 알게 된다"에 해당한다. 이런 학습 능력을 갖추고 있는 사람이라면 스승이 될 자격이 충분하다. 공자는 더 많은 사람에게 지식을 전파해 세상에 더 많은 스승을 만들어내는 것을 생계 수단으로 삼았다.

공자는 스승이 되는 일은 어렵지 않다고 말했다. 옛것을 익혀서 새것을 알 수만 있다면 자격증이 없어도 다른 사람을 가르칠 수 있다. 일상생활의 사소한 것을 일깨워주는 사람도 스승인 것이다. 옛것을 익혀 새것을 알기 위해서 노력한다면, 나도 누군가의 참된 스승이 될 수 있다.

군자불기 君子不器

군자의 첫 번째 덕목,
단단함과 유연함을 동시에 갖춘
안티프래질

◆

공자가 말하길 "군자는 그릇이 아니다."

子曰 "君子不器."

자왈 "군자불기."

딱 네 글자를 사용한 명쾌한 문장이다. "군자는 그릇이 아니다"라는 공자의 말과 연관된 요즘 책을 먼저 살펴보자.

〈타임스〉가 '세상에서 가장 유명한 사상가' 중 한 명이라고 소개한, 레바논 태생의 철학자 나심 니콜라스 탈레브가 쓴 『안티프래질Antifragile』이다. '안티프래질'이라는 단어를 글자 그대로 해석해 본다면, '부서지기 쉬운 것을 막아 낸다'는 뜻이다. 『안티프래질』에서 말하는 세계는 다양한 재난이 계속해서 발생한다. 이 재난은 어느 누구도 예상하지 못했던 것들이다. 이처럼 불확실성이 가득한 세상을 예측하기란 결코 쉽지 않다. 따라서 작가는 불확실성의 시대에는 위험에 대처하는 능력을 키우는 것이 그 어떤 능력보다 시급하다고 말한다.

공자의 말 "군자는 그릇이 아니다"의 뜻을 이해하기 위해 반대로 "군자는 그릇이다"라는 말을 생각해보자. 이는 군자가 항아리처럼 작은 충격에도 깨지기 쉽게 연약하다는 이야기이다. 깨지기 쉬운 그릇처럼 약한 사람은 어떤 모습일까?

예를 들어 어느 회사에 자신은 회계 업무 이외에는 아무것도 할 줄 모르니 다른 일을 맡기지 말라는 식으로 일하는 회계 담당자가 있다고 생각해보자. 이 사람은 자신을 '회계사'라고 정의했기 때문에 한평생 회계와 관련된 일만 하면서 살 것이다. 이런 사람이 바로 '깨지기 쉬운 그릇' 같은 사람이다. 만약 인공지능이 회계 업무를 대신하게 된다면, 이 사람은 조직에서 필요 없는 사람으로 전락하게 된다. 인공지능이 회계 업무를 대신할 수 없다고 해도, 다른 일도 능수능란하게 할 줄 아는 회계사가 나타난다면 그의 입지는 좁아질 것이다.

북아메리카에 있을 때 트럭 운전기사들의 파업을 목격한 적이 있다. 사업주가 자율주행 자동차 시스템을 도입해 실직 위험에 처했기 때문이었다. 사업주 입장에서 자율주행 자동차는 교통사고 발생 가능성이 낮고, 임금을 줄 필요도 없기에 관심을 가질 수밖에 없다. 하지만 운전이 생계 수단인 트럭 운전기사들은 자신들의 기술이 앞으로 쓸모없어질 것이라는 걸 예측하지 못했다.

우리는 이처럼 끊임없이 변하는 불확실의 세계를 살고 있기 때문에 늘 변화를 모색해야 한다. 따라서 쉽게 깨지는 그릇 같은 군자란 바로 변화를 모르고, 옛것을 답습하는 사람들을 말한다.

"군자는 그릇이 아니다"라는 말은 일종의 휴머니즘이 느껴지는 문장이다. 모든 사람은 저마다의 개성을 가지면서도 한편으로 기계적인 생활을 한다. 이 기계적인 면이 바로 초기 자본주의의 작동 원리였다. 포드 자동차를 만들었던 헨리 포드^{Henry Ford}는 이렇게 말했다. "나는 두 손을 고용하고 싶을 뿐인데 어째서 항상 머리가 오는지 모르겠다." 헨리 포드에게 필요한 것은 사람의 두뇌가 아니라 노동력이었을 뿐이다. 생각하는 사람은 사업자에게 대항하기 위해 노조를 만들 수 있다. 헨리 포드의 노동관은 인간의 도구화였다고 볼 수 있다.

인간 노동력의 도구화는 자본주의 초기에서 볼 수 있는 특징이다. 예를 들어 회계사는 회계 업무만 하고, 조명기술자는 불을 밝히는 일만 하고, 촬영기사는 카메라만 다룰 뿐 다른 업무를 할 수 없는 시스템이다. 이런 상황에서 사업주는 자신의 명령에 복종하지 않는 노동자들을 다른 사람으로 대체할 수 있기에 유리한 입장에 설 수 있다.

인류가 할 수 있는 일은 다양하다. 물건을 만들고, 시를 쓰고, 산을 정복하고, 음식을 만들고, 누군가를 모방하고, 여기서 더해 새로운 것을 창조한다. 이것이 바로 인간의 진면목이다. 공자는 전방위로 발전을 할 수 있는 인간의 본성을 극찬했다.

공자는 어떤 사람이었을까? 정치가였을까? 아니면 선생님이었을까? 만약 공자를 정치가로 정의한다면 그는 실패한 사람이다. 그렇다면 선생님으로 봐야 할까? 공자가 자신을 선생으로 생각했다면 어째서 나랏일에 자주 관여했던 걸까? 공자는 자신을 선생이나 정치가라 생각하지 않았다. 그는 자신을 어느 특정 분야의 사람이라 단정짓는 것을 원치 않았다.

공자는 말했다. "하늘을 원망하지 않고, 사람을 탓하지 않으며, 아래에서 배우고 위에 이른다不怨天 不尤人 下學而上達." 그는 항상 불확정성이 가득한 세계에서 다양한 준비를 하며 살았다. 이것이 바로 안티프래질이다. 기계적으로 생활하지 않고, 생동감 있는 삶을 살려고 노력하는 것이 안티프래질인 것이다.

하이패스 도입으로 실직 위기에 처한 고속도로 요금 수납원들의 하소연을 들은 적이 있다. 한평생 작은 공간에서 고속도로 요금을 징수했던 한 직원은 따로 배운 기술도 없어 앞으로 살길이 막막하다며 울고 있었다. 아쉽지만 이런 상황이 초래된 것은 어느 누구의 탓이 아니다. 쉴 새 없이 변하는 시대의 흐름일 뿐이다. 이런 변화에 맞추어가지 못한다면 누구든 위기에 처할 수 있다.

뉴욕대학교 종교연구소 소장 '제임스 P. 카스'의 책 『유한 게임과 무한 게임Finite and Infinite Games』도 "군자는 그릇이 아니다"라는 내용을 잘 설명해준다. 저자는 유한 게임의 룰이 적용되는 '극적인 삶'이 아니라 무한 게임의 규칙이 적용될 수 있는 '전기적인 삶'을 살아야 한다고 주장한다. '극적인 삶'이란 무엇일까? 다른 사람의 계획에 따라서, 다른 사람의 규정에 따라서 일하고 행동하는 것을 극적인 삶이라고 한다. 반면 '전기적인 삶'은 스스로 자신의 인생을 계획하고, 개인의 꿈을 실현하는 것을 말한다. 다시 말해서 유한 게임은 부와 지위, 힘과 명예를 부여하지만, 무한 게임은 그보다 훨씬 더 웅장한 '무한한 가능성'을 가져다준다.

"군자는 그릇이 아니다"라는 공자의 말과 비슷한 이야기를 다룬 서양의 고전도 있다. 러시아 소설가 안톤 체호프Anton Chekhov의 단편 『관리의 죽음The Death of a Government Clerk』은 한 관리의 어처구

니없는 죽음을 이야기한 소설이다. 한 관리가 오페라를 보다가 재채기를 했다. 갑자기 나온 재채기라 입을 가리지 못했던지라 그의 침이 앞 좌석에 앉아 있던 사람에게 튀었다. 그런데 하필 앞 좌석에 있던 사람은 지체 높은 장관이었다. 관리는 즉시 죄송하다고 말했지만 어쩐지 부족하다는 생각이 들었다. 관리는 이후 장관을 매일 찾아가 사과를 한다. 매일 반복되는 사과에 지친 장관은 관리에게 화를 내고, 제대로 된 사과를 하지 못했다는 죄책감을 가진 관리는 소파에 누워 죽음을 맞이하게 된다.

관리의 죽음은 장관으로부터 받은 스트레스 때문이 아니다. 관리 스스로 자신을 보잘것없는 사람으로 단정지었기 때문이다. 한마디로 내면의 그릇이 너무 작고 약했기 때문에 비극적인 삶을 살았던 것이다.

경영학에서도 "군자는 그릇이 아니다"라는 문장은 중요한 의미를 지닌다. 경영자의 말은 그의 사고와 내면의 크기를 알려준다. 특히 많은 직원을 거느리고 있는 경영자들은 말에 신경을 써야 한다. 그의 한마디 한마디가 곧 사업에 차질을 주기 때문이다. 경영자가 반드시 하지 말아야 하는 말들은 다음과 같다. '자네는 회계 업무나 잘하면 돼', '본인 업무인 마케팅 업무나 신경 써', '자기 업무가 아닌 일에는 관심 갖지마' 등등.

경영자는 직원들을 동등하게 바라보며, 그들의 잠재능력을 인정하고, 직원들 스스로 자아 발전을 꾀할 수 있는 권리가 있다는 점을 존중해야 한다. 지금은 평범한 사원이라도 나중에는 경영자가 될 수 있다. 모든 가능성은 항상 열려 있는 것이다.

우리는 다른 사람들의 삶을 풍부하게 상상하고, 다른 사람들의 인생의 다양한 측면들을 다양한 시각에서 해석하며, 그들 스스로 삶의 선택권을 가질 수 있게 해야 한다. 이렇게 해야만 그들이 깨지기 쉬운 그릇이 되지 않을 수 있다. 필자가 가장 좋아하는 문장 중의 하나인 "군자는 그릇이 아니다"라는 말을 독자들 마음속에 간직한다면 군자와 같은 삶을 살아갈 수 있을 것이다.

군자의 두 번째 덕목,
일은 민첩하게 말은 신중하게

———— ◆ ————

자공이 군자에 대해 물었다.

공자가 말하길 "먼저 그 말을 행한 뒤에 따르는 것이
다."

子貢問君子. 子曰 "先行其言而後從之."

자공문군자. 자왈 "선행기언이후종지."

    제자들 중 가장 유복하게 자란 자공은 공자에 대한 공경심이 높
았다. 자공이 공자에게 군자란 무엇이냐 물었다.

    군자를 어떻게 정의해야 할까? 한마디로 대답하기 쉽지 않다.
나는 『논어』를 여러 번 읽고 나서야 군자와 소인이 완전히 다른
류의 사람은 아니라는 느낌을 받았다.

모든 사람의 내면에는 소인과 군자, 두 가지 모습이 공존하고 있다. 따라서 수련과 고찰을 통해서 소인의 모습을 줄이고, 군자다운 면모를 키워나가려 노력해야 한다.

자, 공자가 언급한 말을 살펴보자. 공자는 군자의 두 번째 덕목으로 "먼저 그 말을 행한 뒤에 따르는 것이다"라고 말했다. 한마디로 '말보다 행동이 중요하다'는 것이다. 말을 하면 반드시 실행해야 한다. 상인이었던 자공은 언변이 뛰어났을 것이다. 상황에 따라서 하지 말아야 할 말을 참지 못했거나 허풍을 떨었을 수도 있다. 공자는 이렇게 일컬었다. "일은 민첩하게 하고, 말은 신중하게 해야 한다." 하지만 자공의 성미는 그렇지 못했다. 그래서 공자는 자공에게 "먼저 그 말을 행한 뒤에 따르는 것이다"라고 충고한 것이다. 질문하는 제자의 각각의 상황에 맞는 조언을 해주는 공자의 탁월한 능력이 돋보이는 대목이다.

그렇다면 우리도 공자의 충고를 따라야 할까? 시대가 바뀌면 방법이 달라질 수 있다. 현시대에는 자신의 생각을 숨길 필요가 없다는 게 내 지론이다. 현대 사회에서는 커뮤니케이션이 중요하기 때문에 때로는 자신의 생각을 먼저 드러낼 필요도 있다. 공자와 다른 자세로 자신의 생각을 피력한 위인이 있다. 전구를 발명한 에디슨이다. 하지만 당시 전구를 발명한 사람은 에디슨만이 아니었다. 그럼에도 우리는 에디슨만을 위대한 발명가라고 부른다. 그 이유는 뭘까? 에디슨이 달랐던 점은 사람들에게 양초보다 전구를 쓰는 것이 더 저렴하다는 인식을 심어주었다는 것이다. 공자의 충고와 달리 에디슨은 자기의 생각을 적극적으로 표현했다.

당시의 사람들은 전구가 상용화될 것이라는 생각을 하지 않았다. 전구를 밝히기 위해서는 전기를 공급받아야 하는데, 누가 얼마나 비싼 가격에 공급할 것인지 몰랐기 때문이다. 하지만 미래를 내다봤던 에디슨은 사람들을 설득했다. 앞으로 부자들만 촛불을 쓸 것이고, 전등이 모든 집안의 필수품이 될 것이라는 생각이었다.

우리는 정보통신기술의 융합으로 '초연결', '초지능'이 이뤄지는 4차 산업혁명의 시대를 살고 있다. 이 혁명을 성공으로 이끌 수 있는 기업의 모델인 '기하급수적 조직Exponential Organizations'을 만들려면 어떻게 해야 할까? 먼저 위대한 꿈과 비전을 조직원들에게 제공해야 한다. 이는 "먼저 그 말을 행한 뒤에 따른다"는 공자의 말과는 거리가 있다. 우리가 사는 시대는 공자의 시대가 아니다. 지금은 자신의 꿈을 공유하는 사람이 더 많은 지원을 받을 수 있는 시대인 것이다.

군자주이불비 君子周而不比

군자의 세 번째 덕목,
독립적이지만 조화를 이루는
현명한 단결력

◆

> **공자가 말하길** "군자는 조화를 이루고 결탁하지 않는 반면, 소인은 결탁하고 조화를 이루지 못한다."
> **子曰** "君子周而不比, 小人比而不周."
> 자왈 "군자주이불비, 소인비이부주."

공자의 말이 알쏭달쏭하다.

"조화를 이루고 결탁하지 않는다"와 "결탁하고 조화를 이루지 못한다"라는 구절은 한 번에 이해하기 힘든 문장이다. 쉽게 이해하려면 고대문자인 갑골문甲骨文으로 해석해보는 것이 도움이 된다. '조화'라는 의미를 갖는 한자 '주周'를 갑골문으로 본다면 네 덩이로 나뉜 네모반듯한 논밭의 모습이다. 그래서 주도면밀하고,

독립적이며, 완전한 뜻을 담고 있다. '결탁'으로 해석된 '비比'는 서로 끌어들인다는 의미이다. '주'와 '비'의 뜻을 종합해 해석하면 이런 이야기가 된다.

"소인은 결탁하고 조화를 이루지 못한다"는 것은 인간관계에서 독립성이 부족해 자신만의 견해를 갖고 있지 않다는 의미이다. 반면 "군자는 조화를 이루고 결탁하지 않는다"는 것은 조화로운 인간관계 속에서 서로 독립적이고 평등하게 대화를 나눈다는 의미이다.

공자는 자주 군자와 소인을 비교해서 설명했다. 이렇듯 두 가지 군상을 비교해 설명할 때는 주의를 기울여야 한다. "군자는 화하고 동하지 않는 반면, 소인은 동하고 화하지 않는다"라는 문장처럼 어순만 바꿔 표현한 탓에 헷갈리기 때문이다. 마찬가지로 "조화를 이루고 결탁하지 않는다"와 "결탁하고 조화를 이루지 못한다"라는 구절은 언뜻 봐서는 비슷한 뜻처럼 보인다.

'조화'와 '결탁'은 본질적으로 차이가 있다. '조화'는 완전하고 독립적인 인격을 전제로 형성된 평등한 관계이다. 독립적인 자신만의 견해를 고수하는 동시에, 서로 화목하고 단결하는 것이 바로 '조화'의 본질이다. 반대로 '결탁'은 인간관계에 지나치게 의지한 나머지 균형을 잃는 것을 말한다. 독립적인 의견이 부족한 소인은 항상 한데 뭉쳐서 이리저리 휩쓸려 다닌다. 다른 사람의 의견을 따라 움직이고, 다른 사람의 관점을 자신의 관점이라 착각하거나, 결탁하기 위해서 원칙과 입장을 위반하기도 한다.

공자는 우리에게 조화와 결탁이 다르다는 점을 알려주고 있다. "조화를 이루고 결탁하지 않다"는 것은 모든 사람이 독립되고 완전하면서 서로를 존중하고 단결한다는 의미이다. 반면 "결탁하고 조화를 이루지 못한다"는 것은 주관 없이 패거리를 짓는 일에만 몰두하는 것이다. 미세한 차이지만 조화와 결탁은 본질적으로 다른 것이다.

조화와 결탁의 차이점을 안다면 어떤 조직을 꾸려나가야 할지 판단해볼 수 있다. 서로 독립적인 인격을 가지고 경계를 지키면서 서로를 존중하고 이해해야 할까? 아니면 서로를 끌어들이고 제약하며 한데 뭉치려 해야 할까? 물론 군자처럼 조화롭게 단결하는 조직을 만들어야 할 것이다.

사이불학즉태 思而不學則殆

배우되 부지런히 생각하고,
생각하되 배움을 게을리하지 마라

◆

> **공자가 말하길** "배우고 생각하지 않으면 어둡고, 생각하고 배우지 않으면 위태롭다."
> **子曰** "學而不思則罔, 思而不學則殆."
> **자왈** "학이불사즉망, 사이불학즉태."

많은 사람이 기억하는 명문장이다. 공자는 배움과 관련해 가장 많이 저지르는 실수 두 가지를 말한다. 첫 번째는 생각만 하고 배우지 않는 것이고, 두 번째는 배우기만 하고 생각하지 않는 것이다. 배우고 싶은 의욕이 강한 기업가들 중에서 많은 강의를 찾아다니며 학구열을 불태우는 사람들이 있다. 하지만 이렇게 무작정 배우려 달려든다면, 별다른 효과를 거두지도 못하고 수강료만 낭비할 수도 있다. 의욕만 앞서 수박 겉핥기식으로 공부를 하는 것이다. 엄청난 양의 지식과 개념들을 스스로 분별하고 응용해 본인의 것으로 만들지 못한다면, 배운 지식이 아무리 많아도 회사 경영에는 사용할 수 없다.

훈둔대학混沌大學에서 세계의 유명한 지식인들을 초청해 강의를 한 적이 있었다. 질문 시간이 되자 나는 이렇게 말했다. "특정인들만 이해할 수 있는 은어나 신조어는 사용하지 마세요. 창업과 관련된 은어는 대중적이지 않기 때문에 창업을 연구하는 사람이 아닌 일반 사람들은 알아들을 수 없습니다."

새로운 개념이나 이론을 공부하다 보면 우리는 개념의 진짜 의미를 소화하지 못한 채 그럴듯해 보이는 단어를 버릇처럼 사용하는 경우가 있다. 이런 태도는 그저 학식을 자랑하는 것일 뿐, 배운 것을 제대로 활용한다고 할 수 없다. 이런 질문을 받은 적도 있다.

"판 선생님의 책을 읽고 강의를 들어도 뭔가 깨닫는 것 같은 기분이 들지 않아요. 선생님을 통해 많은 이야기를 들었으니 뭔가 변해야 하는 거 아닌가요?"

선생의 가르침을 수동적으로 받아들이고 스스로 생각하고 고민하려 하지 않는다면, '배우고 생각하지 않아 어두워지게' 되는 것이다. 이론과 개념에 대해 막힘없이 설명할 수는 있지만 자신의

제2편 위정(爲政) : 북극성처럼 빛나는 리더가 되기 위한 스물 네 가지 이야기

생각은 없는 것이다.

　나는 '판덩독서'를 통해 육아 관련 서적인 『내 아이를 위한 코칭
Go-to Mom's Parents' Guide to Emotion Coaching Young Childre』과 『가르치지 않
는 용기子どもをのばすアドラ の言葉 子育ての勇氣』를 소개한 적이 있다. 그리
고 이런 질문을 받았다.

　"판 선생님, 『내 아이를 위한 코칭』에서는 아이가 옳은 일을 할
때 칭찬해주고, 옳은 일을 해야 하는 이유를 설명해주어야 한다고
말합니다. 반면 『가르치지 않는 용기』에서는 칭찬을 해주지 말고
고마움만 표시하면 된다고 말합니다. 서로 다른 이야기를 하는데,
어떻게 이해하면 좋을까요?"

　나는 이렇게 대답했다. "두 가지를 곰곰이 생각해보면 이해할
수 있으실 겁니다." 그러자 질문자가 이의를 제기했다. "판 선생
님의 설명은 모순이네요."

　사회인이 된 성인은 본인 스스로 적절한 해답을 선택할 수 있는
능력을 갖추고 있다. 각자 자신에게 적합한 옳은 방향으로 결정을
내리는 능력 말이다. 하지만 이 질문자는 두 책의 내용이 상충된
다는 점만 따지고 들뿐, 책의 내용을 자기 삶에 도움이 될 수 있도
록 고민하는 노력이 부족했다.

우리는 학문에서 종종 모순된 점을 찾아볼 수 있다. 물리학의 역사는 어떤 면에서는 모순의 발전 과정이라고도 볼 수 있다. 뉴턴의 만유인력과 아인슈타인의 상대성이론은 세상을 완전히 다르게 설명한다. 하지만 우리는 뉴턴과 아인슈타인을 신뢰할 수 없다거나 배울 것이 없다고 생각하지 않는다. 물리학을 비롯해 인류의 모든 지식은 원래 모순 속에서 발전해 나아간다. 그러니 모순이 존재하는 답변을 이해하지 않으려는 것은 배움의 올바른 태도라고 볼 수 없다.

교육학도 마찬가지다. 저마다의 다른 경험을 갖고 있는 사람들이 저마다의 다른 방법으로 연구를 진행하고 있다. 따라서 부모는 깊은 고민을 거쳐 자신에게 맞는 교육 방법을 선택해야 한다. 권위 있는 사람의 교육 방법이나 틀에 박힌 이론을 그대로 따르는 것이 과연 자신의 아이를 책임지는 행동일까?

세상에 고정불변한 진리는 없다. 철학을 공부한다는 것은 진리를 향해 끝없이 질문을 던지고, 그에 대한 해답을 찾으려 고찰하며 나아가려는 노력이라고 볼 수 있다. 이 점을 이해하면 유명 강사들의 강의들을 찾아다니며 공부하고 질문을 던질 필요가 없어진다. 사람들이 쉴 새 없이 질문을 쏟아내는 것은 자기 생각을 정립하지 못했다는 것이며, 이에 대한 책임을 강사에게로 돌리는 것이다. "배우고 생각하지 않으면 어두워진다"는 것은 이런 배움의 태도를 버리라는 것이다.

　다음 구절인 "생각하고 배우지 않는" 상황을 생각해보자. 해결할 수 없는 일에 매달리면서 다른 사람의 경험을 의심하고, 아무것도 믿지 않으려는 사람들이 있다. 이런 사람들은 고전을 읽으려 하지 않고, 옛사람들이 연구한 것들에 관심을 두지 않으며, 옛사람들의 가르침을 배울 필요가 없다고 생각한다.

　아이 교육 문제를 고민하다가 자신만의 생각에 갇혀 버리는 부모들도 있다. 숙제를 하지 않는 자녀의 습관을 고쳤다는 한 어머니가 자신의 교육 방식을 나에게 소개해준 적이 있다.

　"저는 아이 앞에서 울음을 터뜨렸어요. 아이가 겁에 질려서는 왜 우느냐고 물었죠. 그래서 저는 '네가 숙제를 하지 않으니 엄마가 견딜 수가 없어 눈물이 나네'라고 대답했죠." 그녀는 이 방법이 효과가 좋았다고 자랑했다. 나는 그녀에게 이렇게 말했다.

　"그런 방법을 사용하시면 아이가 심한 자책을 하게 됩니다. 더구나 엄마를 울리지 않기 위해 숙제를 열심히 하는 건 정서적 강박에 해당합니다."

　이 어머니는 문제를 해결하기 위해 다른 이들의 교육 방법을 배우려 하지 않았다. 이런 경우가 바로 "생각하고 배우지 않으면 위

나는 불안할 때 논어를 읽는다

태롭다"라고 하는 것이다.

자신의 머리로 생각만 해서는 해결되지 않는 문제들이 많다. 옛 사람들이 쓴 책을 읽어본다면 이미 누군가가 이런 문제들을 해결하려 했다는 사실을 발견하게 될 것이다. 우리는 그들이 찾은 답을 가져와 사용하면 된다. 단, 그대로 답습하는 것이 아니라 배운 것을 사용하는 과정에서 자신의 생각과 판단을 덧붙여야 한다. 그리고 더 나아가 배운 것과 생각을 결합해 새로운 방법을 고안해낼 수도 있다.

정리해보지. "배우고 생각하지 않으면 어리석어지고, 생각하고 배우지 않으면 위태로워진다." 우리는 배우면서 생각을 해야 한다. 학습 과정에서 알고 있는 지식과 연관해 비판적으로 수용하는 것은 올바른 학습 방법이자 자기 발전을 꾀하는 방식이다. 우리가 지금 직면한 문제는 2천여 년 전 공자가 고민했던 문제와 본질적으로 차이가 없다. 공자는 이 문장을 통해서 사람들에게 '많이 생각하고 많이 배워야 한다'는 것을 전파하고 싶어 했다. 이러한 학습 방법으로 비판적인 사고력도 키울 수 있을 것이다.

공호이단 攻乎異端

숲을 친구 삼는 장자도, 자연의 순리를 아는 노자도 친구이거늘

——— ◆ ———

공자가 말하길 "이단에 주력하면 해로울 뿐이다!"
子曰 "攻乎異端, 斯害也已!"
자왈 "공호이단, 사해야이!"

'이단異端'은 다른 의견을 말한다. 이 문장은 최소한 네 가지로 해석해볼 수 있다.

첫 번째 해석은 '이단을 다스리면 재난을 제거할 수 있다'는 의미이다. 다른 의견이 존재하는 것을 공자가 인정하지 않았다고 해석한 것이다.

두 번째는 '극단적인 것에 매진한다면 해롭다'는 해석이다. '주력하다'는 뜻으로 해석된 '공攻'은 공격, 통치, 공략, 중점 등 다양한 의미가 있다. 한마디로 '공'은 어느 한 방향으로 힘을 쏟는다는 의미이다. 그래서 '이단에 주력한다'라는 것은 극단적이고 비주류적인 것을 계속 연구하는 것을 말한다. 극단적인 것은 위험한 만큼 이 방향으로만 매진한다면 자연히 해로울 수밖에 없다.

세 번째 해석은 첫 번째와 반대이다. '서로 다른 의견을 공격하는 건 해롭다.'이다. 다른 의견을 공격하면 세상은 균형을 잃게 될 것이고, 주류의 목소리만 듣게 되는 상황이 펼쳐질 것이다. 어떻게 보면 꽤 진보적인 해석일 수 있다.

마지막 해석을 살펴보자. 공자의 시대는 다른 의견은 '이단'이라 부르며 하나의 의견만 추종하지 않았다. '다른 학파는 모두 없애고 오로지 유교 사상만 숭상罷黜百家, 獨尊儒術'했던 것은 한나라 시대 때부터 시작됐다. 그러니 공자가 어떻게 다른 학파를 이단이라고 정의할 수 있었을까? 유교 사상이 발전한 뒤에도 묵자墨子, 양주楊朱의 사상을 배우고 싶어 하는 사람이 유교 사상을 배우고 싶어 하는 사람들보다 많았다. 그래서 이단을 극단으로 향하는 것이라고 해석해야 한다. 즉, 중도를 걷지 않고 극단을 향하는 건 해롭다는 것이 네 번째 해석이다.

네 가지 해석 모두 어느 정도 일리가 있는 것처럼 보인다. 나는 서로 다른 의견을 공격하는 건 해롭다는 세 번째 해석이 가장 적합하다고 생각한다. 공자는 포용적인 사람이었다. 그는 여러 나라를 돌아다니면서 정처 없이 떠도는 유랑민을 많이 만났고, 도가 학파 사람들과도 친분을 쌓았다. 다른 사람들이 자신과 다르다는 것을 알았던 공자는 그들을 비난하거나 공격하지 않았다.

사회는 관용의 미덕을 갖추어야 한다. 관직을 맡지 않고 숲을 친구로 삼아 살아가는 장자莊子 같은 사람도 있다. 자연의 순리에 맡긴 채 소탈하게 사는 노자 같은 사람도 있다. 공익을 위해 힘쓰는 묵자 같은 사람도 있다. 그리고 "털 하나 뽑아 천하가 이롭게 된다고 해도 하지 않는拔一毛利天下, 不爲也" 양주 같은 사람도 있다. 사람의 성향이 다양하다는 점을 받아들여야 하는 것이다. 다양성이 많은 사회일수록 부작용과 해로움이 줄어든다.

이처럼 『논어』에는 여러 관점으로 해석할 수 있는 문장들이 많다. 지금 상황에서 자신에게 유익한 내용과 해석을 선택해 받아들이는 것이 현명한 태도이다.

부지위부지 不知爲不知

아는 것과 모르는 것을
아는 것이 진정한 지식인이다

◆

공자가 말하길 "유야, 안다는 게 뭔지 알려줄까? 안다
는 걸 안다고 말하고, 모르는 걸 모른다고 말하는 게
아는 것이다."
子曰 "由, 誨女知之乎? 知之爲知之, 不知爲不知, 是知
也."
자왈 "유, 회여지지호? 지지위지지, 부지위부지, 시지
야."

이 문장에는 아주 귀여운 인물인 자로가 출현한다. 자로의 이름
이 중유仲由다. 위 문장에서 '유由'는 자로를 지칭한다.

공자보다 아홉 살 어렸던 자로는 솔직한 성격에 기질은 용맹스
럽고 호방했으며, 의협심이 강했다. 공자는 자로를 "용맹함은 나

보다 낮지만, 재목으로 취할 게 없다好勇過我, 無所取材"라고 평가했다.
공자도 자로만큼이나 힘이 세고 용맹스러웠다. 첸무 선생의 『공
자전孔子傳』에 따르면 공자의 아버지는 아주 힘이 센 장사라서 많
은 사람을 구했다. 아버지의 기질을 물려받은 공자는 의협심이 강
하고 용감했다. 그런 공자는 자연히 같은 기질의 자로를 좋아하게
되었고, 자로가 공자와의 싸움에서 패하자 그를 제자로 삼게 된
다. 하지만 직설적이고 괄괄했던 자로는 생각 없이 말하는 버릇이
있었다. 하루는 공자가 자로를 불러 말했다.

"중유야, 내가 너에게 한 말을 잊어버린 것이냐? 아는 일을 안
다고 말하고, 모르는 일은 모른다고 인정을 하는 것이 지식을 구
하는 방법이다." 공자는 밖에서 큰소리를 치거나 스승 노릇을 하
며 사람들을 잘못 인도하는 자로가 못마땅해 조언을 한 것이다.

자신의 무지함을 인정하는 건 어렵다. 미국 뉴욕의 코넬 대학교
의 데이비드 더닝과 저스틴 크루거는 인지 편향 현상인 '더닝 크
루거 효과Dunning Kruger effect'에 대해 설명했다. '더닝 크루거 효과'
는 자신의 부족함을 인지하지 못하는 상태를 말한다. 가령 일을
해낼 수 있는 능력이 없음에도 자신감에 넘쳐 자신의 부족함을 파
악하지 못하는 사람들이 있다. 자로는 자신감으로 가득 찬 사람이
었다. 그는 자신이 여러 해 동안 공자의 가장 가까운 제자 중 한 사

람이기 때문에 많은 이치를 깨달아 어느 정도 경지에 올랐다고 생각했던 것 같다. 하지만 자로는 '더닝 크루거 효과'에 빠져 있었다.

애플 창업자 스티브 잡스Steve Jobs는 "Stay hungry, Stay foolish."라는 말을 했다. 직역하면 '허기진 상태로 머물러라, 바보처럼 머물러라'가 된다. 이 말은 자신의 무지를 인정하라는 말이다. 공자는 스티브 잡스보다 2천여 년 먼저 이 점을 지적했다.

"안다는 걸 안다고 말하고, 모르는 걸 모른다고 말하는 게 아는 것이다."
_ 知之爲知之, 不知爲不知.

1900년에 열렸던 세계 물리학 회의의 일화를 소개한다. 세계 유수의 물리학자들이 한자리에 모였다. 열역학을 확립하고, 전자기학 분야에서 뛰어난 성과를 보여주었으며, 지구물리학에서는 항해술에 기여한 영국의 물리학자 '배런 켈빈Baron Kelvin'도 이 회의에 참석했다. 그는 뉴턴의 만유인력 법칙 등 지금까지 이룩한 물리학의 성과에 감격하며, 이론 영역에서 더 이상 밝힐 비밀이 없으니 남은 업무는 더 정확하게 측정하는 것뿐이라고 생각했다. 물리학이라는 거대한 빌딩은 이미 지어졌으니 맑은 하늘에 떠 있는 먹구름 한두 점을 제외하면 더 해석할 것은 없다는 것이다.

제2편 위정(爲政) : 북극성처럼 빛나는 리더가 되기 위한 스물 네 가지 이야기

뉴턴의 이론을 뛰어넘은 양자역학의 주요한 창시자인 플랑크Max Planck도 젊은 시절 물리학을 전공하려 하자, 한 교수가 물리학은 이미 연구할 게 없다고 만류했다고 한다. 하지만 알다시피 물리학은 그 후로도 끝없는 이론을 밝혔고, 아직도 미지의 분야가 무한히 남아 있다.

우리는 세계를 완전히 알지 못하는 상황에서 모든 걸 다 안다고 자만할 때가 있다. 역사를 돌이켜보면 우리를 속박하는 많은 것들을 자각하지 못하고, 잘못된 지식을 의심 없이 그대로 믿고 고수한 경우를 많이 볼 수 있다. 과학의 역사도 마찬가지였다. 17세기 독일 천문학자 케플러Kepler가 등장하기 전까지 사람들은 행성 운동의 궤적이 원형이라고 믿어왔다. 아리스토텔레스Aristoteles 시대부터 하늘은 완전무결한 공간으로 여겨졌기에 행성의 궤적도 원처럼 완벽할 것이라 생각했던 것이다. 하지만 케플러가 행성 운동에 관한 제1법칙인 '타원궤도의 법칙' 등 '케플러 법칙Kepler's Law' 세 가지를 제시하면서 사람들의 생각은 바뀌기 시작했다.

"우리를 망가뜨리는 건 무지가 아니라 자만"이라는 말이 있다. 자신의 무지를 인정하는 사람에게는 희망이 있고, 자신이 모른다는 걸 인정하는 사람에게는 기회가 있으며, 자신이 부족하다는 걸 인정하고 모든 지식을 겸허히, 그리고 신중하게 대하는 사람에게는 성장할 기회가 있다. 가장 무서운 것은 자신이 무지하다는 사실을 모른 채 득의양양하는 것이다.

우리는 살면서 여러 분야의 지식을 접할 기회를 만나게 된다. 육아법, 배우자를 대하는 방법, 리더십을 키우는 방법, 마케팅 원칙을 파악하는 방법, 다른 사람과 소통하는 방법 등. 하지만 어떤 사람들은 일부 책에 있는 내용들이 거짓이고 탁상공론일 뿐이며, 지식은 직접 탐색해서 깨달아야 한다고 주장하기도 한다. 그러나 이런 사람들도 책을 읽으며 '책 속에 많은 보물이 숨겨져 있구나. 이 사실을 진작 알았으면 좋았을 걸'이라고 생각할 것이다. 지식의 결핍을 느꼈기 때문이다.

공자의 말은 자로를 위한 말이자 우리 모두에게 하는 말이다. 우리가 얼마나 무지한지 일깨워주는 고언이기도 하다. 무지함을 인정하는 것은 부끄러운 일이 아니다. 우리를 망가뜨리는 것은 무지가 아니라 자만이다. 모든 걸 안다는 생각이야말로 가장 위험한 태도다.

자장학간록 子張學干祿

승진을 원한다면 말은
신중히, 행동은 후회가 없도록 하라

◆

자장이 녹을 구하는 법을 배우려 했다.

공자가 말하길 "많이 들은 뒤 의심스러운 부분은 빼고 나머지만 신중하게 말하면 허물이 적을 것이고, 많이 보고 위태로운 부분을 빼고 나머지만 신중하게 행하면 후회가 적을 것이다. 말에 허물이 적고 행동에 후회가 적으면 녹은 그 가운데에 있다!"

子曰 "多聞闕疑, 愼言其餘, 則寡尤; 多見闕殆, 愼行其餘, 則寡悔. 言寡尤, 行寡悔, 祿在其中矣!"

자장학간록, 자왈 "다문궐의, 신언기여, 즉과우; 다견궐태, 신행기여, 즉과회. 언과우, 행과회, 록재기중의!"

나는 불안할 때 논어를 읽는다

이번 문장은 '관리가 되는 법'에 대해 다루고 있다.

일부 사람들은 공자가 어떻게 관리가 되는 법을 가르칠 수 있겠냐면서 너무 통속적인 문장이라고 지적한다. 자장子張은 공자보다 48세나 어렸던 제자 전손사顓孫師의 자식이다. "자장이 녹을 구하는 법을 배우려 했다"는 것은 자장이 공자에게 관직을 구해 녹봉을 받는 법을 배우려 했다는 의미이다. 자장이 공자에게 달려와 관리가 되고 싶다며 이렇게 물었다.

"어떻게 하면 큰 벼슬에 오를 수 있습니까?"

공자는 관리 사회에서 잘 적응하지 못했다. 공자는 과거 '중도재中都宰', '대사구大司寇'라는 관리 직책을 맡았지만 뜻을 이루지 못했고 배척당했다. 그래서 여러 나라를 돌아다니며 스승으로 살아야 했다. 그런 그에게 관직에 오르는 법을 가르쳐 달라는 것이 아이러니하긴 하다.

공자는 자로의 물음에 "많이 듣고 의심되는 부분을 빼라"고 말했다. 여기서 '많이 듣는다'라는 건 항상 경청하는 자세를 가지라는 것이다. '빼다'라고 해석된 '궐闕'은 한쪽에 내버려 둔다는 의미로 '의심스러운 부분을 뺀다'라는 것은 의문이 생겼을 때는 성급하게 말하지 말라는 의미이다. 상대방이 하는 말을 이해하지 못했다면 잠시 기다려야 한다. 성급하게 질문하면 상대방에게 '간단한 상식도 모른다'라는 인상을 줄 수 있어 소통하기 힘들어진다. 또 상황을 제대로 파악하지 못한 채 말을 하게 되면 오해를 일으키기 쉽고 논쟁에 휩싸일 수도 있다.

상사와 직원의 의견이 일치하지 않는 이유 중 대부분은 상사가 간파해 낸 부분을 직원이 미처 알아차리지 못했기 때문이다. 이런 상황에서 말을 많이 하면 골치 아픈 상황을 초래할 수 있다. 따라서 "많이 들은 뒤 의심스러운 부분은 빼라"는 것은 다른 사람의 말을 경청해 많이 듣고, 이해가 되지 않는 부분에 대해 의견을 내놓지 말고 한쪽에 제쳐두라는 의미이다.

"나머지만 신중하게 말하면 허물이 적다"를 보자. 여기에 들어간 한자 '과寡'는 적다는 뜻이고, '우尤'는 잘못이라는 의미이다. 그래서 확실하게 파악하지 못한 일은 신중하게 말을 해야 잘못을 줄일 수 있다는 뜻으로 해석된다. 다음으로 "많이 보고 위태로운 부분은 뺀다"는 것은 많이 보고 관찰해서 정확하지 않거나 위험한 일은 한 쪽에 내버려 두라는 말이다.

다음 문장 "말에 허물이 적고, 행동에 후회가 적으면, 녹은 그 가운데에 있다"는 것은 말과 행동에 실수를 하지 않을 때 벼슬이 높아져 재산을 모을 수 있다는 의미이다. 이는 아주 단순한 이치이다. 나는 공자가 이 말을 진지하게 하지는 않았다고 생각한다.

공자가 평소 관료 사회에서 살아남는 법이나 봉록을 받는 법에 대해 의논하는 것을 좋아하지 않았기 때문이다.

위나라 영공이 공자에게 전법에 대해 물은 적이 있다. 이에 공자는 제사와 관련된 일은 알지만 싸우는 법은 배우지 못했다고 말하고는 냉담히 떠나버렸다. 그런데 자장이 찾아와 "스승님, 어떻게 하면 관직에 올라 돈을 벌 수 있을까요?"라고 묻자 공자는 말에 허물이 적고 행동에 후회가 없도록 하라고 대답해주었다. 그래서 나는 공자가 진심으로 관직에 올라 돈을 버는 법을 조언한 것이 아닌, 이들의 태도를 비판하며 조롱하듯 대답한 것이 아닌가 하는 생각이 든다.

공자는 노나라 권력을 쥔 계손씨, 맹손씨, 숙손씨 세 가문의 권력의 힘을 줄이려 시도했다. 이들의 성을 허물고 권력을 되돌리려 했던 일이 실패하자 공자의 벼슬길도 끊기고 말았다. 공자가 정말 자신이 말한 것처럼 말에 허물이 적고, 행동에 후회가 적도록 조심하는 사람이었다면 세 가문의 성을 허물려는 무리한 시도를 했을까? 아마도 주도면밀하게 다른 사람의 눈치를 살피며 조용히 정세를 관망했을 것이다. 이런 이유로 나는 자장의 질문에 대한 공자의 답변에 자조 섞인 비아냥이 있었다고 생각한다. 이건 어디까지나 나의 개인적인 견해이다.

공자는 과거 자신의 방식이 미움을 사기에 좋다는 것을 깨달았던 것이 아닐까 싶다. 그래서 자신의 행동을 비웃고 반성하는 뜻에서 자장에게 조언했던 것이다. 자장은 관리가 되고 싶어 했으니 공자의 사상을 계승할 제자는 아니었다. 공자는 자장에게 세상의 이치를 깨닫는 이론적인 이야기보다 실용적인 측면에서 관리로 살아남기 위한 방법을 알려주었다. 행동에 후회가 적어야 하며, 수습할 수 없는 말은 하지 말고, 후회할 일은 실행해 옮기지 않는다면 벼슬자리가 찾아올 수도 있다고 말이다.

스탠퍼드 대학에서 조직행동학을 가르치는 제프리 페퍼Jeffrey Pfeffer는 저서 『권력의 기술Power』에서 '권력의 분배는 규칙을 가지고 있다'고 말한다. 이를 이해하기 위해서는 먼저 권력의 분배 원리를 알아야 한다. 예를 들어 상사와 소통을 잘하고 싶다면 자신의 의견을 먼저 말하기보다는 상사가 무슨 생각을 하는지 알아야 한다. 또 자신이 한 일은 상사가 가장 먼저 알게 해야 한다. 얼마나 많은 일을 했는지가 중요한 것이 아니다. 조직 생활에서 중요한 것은 '어떤 일을 했다는 것을 상사가 알게 하는 것'이다. 이것이 바로 권력 분배의 기본 논리이다.

『논어』의 문장과 『권력의 기술』은 실용적인 관점으로 일을 파악하는 방법을 다루고 있다는 점에서 상관관계가 있다. 완전히 파악하지 못한 일은 함부로 말해선 안 된다는 건 참고할 만한 가치가 있다. 공통 업무를 제대로 이해하지 못했을 때는 바로 언급하지 말고 일단은 파악하려 해야 한다. 회의장에서 이해하지 못한 부분을 곧바로 언급하면 솔직해보일 것 같지만, 실제로는 권위가 없어 보이거나 불필요한 충돌을 일으킬 수 있다.

앞에서 소개했던 안회처럼 '물러간 뒤에 그 생활을 살펴보니 충분히 실천'하는 사람은 귀가 후 곰곰이 생각해 상사의 말이 무슨 뜻이었는지를 이해하려 한다. 이것이 직장에서 승진하는 방법이다. 『논어』에서 공자가 한 말 중 가장 실용주의적인 면모가 돋보이는 문장이다.

거직조저왕 擧直錯諸枉
한자 '들 거擧'에서 배우는
인재 선발 방식

◆

애공이 묻기를 "어떻게 하면 백성이 복종합니까?"
공자가 대답하길 "곧은 것을 들어 굽은 것 위에 놓으면
백성이 복종할 것이고, 굽은 걸 들어 곧은 것 위에 놓
으면 백성은 복종하지 않을 겁니다."
哀公問曰 "何爲則民服?"
孔子對曰 "擧直錯諸枉, 則民服; 擧枉錯諸直, 則民不服."
애공문왈 "하위즉민복?"
공자대왈 "거직조저왕, 즉민복; 거왕조저직, 즉민불
복."

『논어』에 자주 등장하는 문장이다. 노나라 군주인 애공哀公이 공
자에게 '어떻게 하면 백성이 복종할지'를 물었다.

공자의 대답에서 '곧다^直'는 것은 정직하다는 것이다. 정직한 사람을 등용한다면 백성들이 그를 따를 것이라는 의미이다. '굽다^枉'는 '곧다'와 반대 의미이다. 그래서 정직하지 않은 사람을 등용하면 백성들은 자연스럽게 그를 따르지 않게 된다. 백성들은 군왕의 가치관과 인재관을 보며 그에게 복종할지 아닐지를 결정한다.

백성들을 이끄는 방법에 대한 역사의 기록은 많다. 송나라 때의 이야기이다. 휘종은 백성들이 좋아하는 소식과 소철 형제는 멀리하는 반면, 간신이라고 소문난 채경과 채변 형제를 총애했다. 채씨 형제는 요직을 차지하고 지위가 높아진 반면, 소식과 소철 형제는 끝내 섬으로 유배되었다. 이에 백성들은 군왕의 인재관을 의심하며 복종하지 않게 되었다.

높은 자리에 있는 사람은 다른 사람의 아부와 유혹을 이겨내기 힘들다. 황제의 자리에 올랐다는 건 그만큼 지혜로웠다는 것일 텐데 왜 그들은 생각 없이 입에 발린 말만 하는 간신을 총애했던 것일까? 이는 자신의 유능함과 우월감을 만끽하고 싶었기 때문이다. 황제와 밀착한 신하들은 황제가 자만감을 느끼도록 비위를 맞추는 연구를 해왔다. 이러한 간신들만 있는 환경에서 그들의 감언이설에 갇히게 된다면 황제는 현실을 오판하게 된다. 자신이 유능하기에 자신의 말을 잘 따르는 신하를 유능한 사람이라고 믿게 되는 것이다.

황제가 우월감에 심취하고 신하들이 파벌을 형성하면 "굽은 걸 들어 곧은 것 위에 놓는" 것과 비슷한 상황이 발생한다. 정사를 논할 때 굽은 신하들은 백성들의 입장이 아닌 자신이 아끼는 무리의 이익과 권력을 최우선으로 생각한다. 간신들은 윗사람에게 아첨하는 데만 열중해 결국은 윗사람을 기만하고, 아랫사람을 무시하고 속이며, 파벌을 만들게 된다. 결과가 좋지 않았던 많은 지도자 주변에는 이런 간신들이 많았다.

그렇다면 반대로 "곧은 것을 들어 굽은 것 위에 놓으려면" 어떻게 해야 할까? 스스로 권위를 낮추는 자세가 필요하다. 스스로 본인의 권위를 낮추는 것과 다른 사람에 의해 권위가 낮아지는 것은 엄연히 다르다. 후자는 다른 사람에게 권위를 도전받는 것이기에 불쾌해진다. 하지만 진정으로 권위와 자신감이 있는 사람이라면 본인의 자세를 내려놓을 수 있는 용기가 있다. 가령 부하 직원들 앞에서 다음과 같이 말하는 사람이 '곧은' 리더이다.

"이건 내 개인적인 의견에 불과하니, 모두들 함께 연구해봅시다. 그리고 추후에 다 함께 의견을 나눈 뒤 결정합시다."

스스로 권위를 낮추는 리더는 개인의 체면이 중요하지 않다는 것을 알고 있는 사람이다. 권위를 낮추고 모두의 의견을 조화롭게 따르는 리더의 모습을 "곧은 것을 들어 굽은 것 위에 놓는다"고 설명할 수 있다.

이번 문장에 들어간 한자 '들 거擧'와 '뽑을 발拔'을 좀 더 살펴보자. 두 글자 모두 인재를 선발한다는 의미이지만 방법상의 차이점이 있다.

먼저 '들 거'의 의미를 그대로 해석하면 아랫사람을 들어 올린다는 의미이다. 경영자가 부하 직원을 들어 올릴 때 어디에 시선을 둬야 할까? 위에서 아래를 내려다보는 것이 아닌, 아래에서 위로 향하는 시선이다. 아래 직원들의 요구를 살피고, 그들에게 좋은 방법이 무엇인지 고민하고, 직원들이 계속 자신을 지지할 방법이 무엇인지를 생각해야 한다.

반면 '뽑을 발'은 경영자가 위에서 아래를 내려다보며 인재를 선발하는 것이다. 예를 들어 어떤 경영자가 인형 뽑기를 할 때처럼 위에서 내려다보며 직원을 선발한다면 어떻게 될까? 직원들은 선택받기 유리한 고지를 차지하기 위해 그의 환심을 얻을 방법에만 열을 올릴 것이다. 두 한자의 뜻을 정확히 이해한다면 '들 거'와 '뽑을 발'은 완전히 다른 인재 선발 방식이라는 것을 알 수 있다.

노나라 애공이 백성들이 진심으로 자신에게 복종하게 하는 방법을 공자에게 물었다. 공자는 백성은 군주의 가치관과 인재관을 보고 복종할지 말지를 결정한다고 대답했다.

군주의 가치관은 어떤 인재를 등용하는지, 아랫사람을 어떻게 대하는지, 정직한 사람을 중시하는지, 가식적이고 아첨하는 사람을 중시하는지 아닌지를 통해 알 수 있다. 공자는 백성의 복종방법을 알려주면서 본질적으로 리더가 진정으로 갖추어야 할 자세를 알려준 셈이다.

나는 불안할 때 논어를 읽는다

거선이교불능 擧善而教不能

난세일수록
경敬과 충忠과 권勸을 기억하라

—————◆—————

계강자가 묻기를 "백성이 경하고, 충하고, 권하게 하려면 어떻게 해야 합니까?"

공자가 말하길 "정중하게 대하면 공경할 것이고, 효도하고 자애로우면 충성할 것이며, 뛰어난 사람을 들어올리고 무능한 사람을 가르치면 부지런해질 것입니다."

季康子問 "使民敬, 忠以勸, 如之何?"

子曰 "臨之以莊, 則敬; 孝慈, 則忠; 擧善而教不能, 則勸."

계강자문 "사민경, 충이권, 여지하?"

자왈 "림지이장, 즉경 효자, 즉충 거선이교불능, 즉권."

이 문장 역시 앞의 문장처럼 백성이 군왕에게 충성하려면 어떻게 해야 하는지 묻는 것이다. 하지만 공자의 대답은 다르다. 앞에서 백성의 복종에 대해 질문한 애공은 권력에서 밀려난 사람이고, 이번에 등장한 계강자季康子는 권력자이다. 노나라 왕실의 권력은 계씨 집안 종주인 계강자에게 넘어갔다. 당시 젊은 나이에 권력을 쥔 그는 공자에게 백성을 다스릴 방법을 물었다. '어떻게 하면 백성들이 자신을 존경하고, 충성하고, 부지런히 일을 하게 되는지' 조언을 구한 것이다.

문장에 나오는 한자 '경敬'은 존경을, '충忠'은 충성을 의미한다. '권하게 하려면'에서 쓰인 '권勸'은 격려하며 최선을 다해 일하는 것을 의미한다. 백성들이 군왕을 공경하고, 충성하면서 부지런히 일하게 하려면 어떻게 해야 할까?

공자는 "정중하게 대하면 공경할 것이다"라고 말했다. 백성을 대할 때 거짓되게 꾸미거나 엄한 모습으로 대하지 말고, 예를 갖추라는 것이다. 군왕과 백성의 관계는 일방통행이 아닌 상호보완적이다. 괴롭히거나 업신여기거나 잡초처럼 하찮은 것으로 치부하지 말고, 백성을 존경하며 진심으로 소통하고 귀를 기울인다면 백성들도 자연스럽게 군왕을 존경하게 된다.

다음으로 "효도하고 자애로우면 충성한다"는 문장에서 '효도하고 자애롭다'라는 것은 '효도와 자애로움을 권장해야 한다'거나 '스스로 효도하고 자애롭게 행동해야 한다'로 해석한다. 집안에서 효도하고 자애로운 사람을 백성들은 자연스럽게 충성하고, 쉽게 배반하지 않을 것이다.

앞에서 공자는 애공에게 '곧은 것을 들어 굽은 것 위에 놓으라'고 말했다. 하지만 당시 노나라 왕실은 힘이 없었고, 공자도 애공과 대화를 나눠봤자 소용이 없다는 것을 알고 있었다. 노나라가 잘 통치되려면 계강자와 이야기해서 생각을 변화시켜야 했다. 그래서 공자의 답변은 애공에게 해준 말과 달랐다.

"뛰어난 사람을 들어 올리고, 무능한 사람을 가르치면 부지런해진다."라는 문장을 보자. 여기서 '뛰어난 사람을 들어 올린다'는 말은 뛰어난 인재를 등용하라는 의미이다. 백성들은 예리한 눈을 가지고 있어, 군왕이 등용한 사람의 됨됨이를 파악할 수 있다. '무능한 사람을 가르친다'는 것은 능력과 덕행이 부족한 사람을 내치지 말고, 교화하고 격려하라는 의미이다. 군왕이 이런 방식으로 인재를 등용하고 관리하면, 백성들은 긍정적인 신호로 받아들이고 서로 격려하며 공동체를 위한 가치를 만들어내기 위해 노력하게 된다.

공자는 세 가지 핵심을 제시했다. 첫 번째는 "정중하게 대하면 공경한다"는 것이다. 앞서 소개한 '경외심을 가지고 믿음 있게 처리한다敬事而信'와 같은 이치이다. 두 번째는 "효도하고 자애롭다"는 것이다. 이는 예부터 지금까지 가정에서 중요시해 온 품행이다. 마지막 세 번째는 "뛰어난 사람을 들어 올리고 무능한 사람을 가르친다"는 것은 교육의 중요성을 말한다.

공자는 계강자가 할 수 있는 것들만 요구했다. 장황하게 설명하거나 세세한 부분을 거론하지 않고, 규정된 도리를 사용해 계강자를 단속하려 했다. '정중하게 대해야 한다'는 건 어렵지 않은 일이다. '효도하고 자애로워야 한다'는 것 또한 마음만 먹으면 할 수 있는 일이다. '뛰어난 사람을 들어 올리고 무능한 사람을 가르친다'라는 것도 얼마든지 실행할 수 있다. 크게 어렵지 않은 이 세 가지만 잘하면 백성은 자연히 계강자를 공경하고, 충성하며, 부지런해질 것이라는 게 공자의 말씀이다.

안타깝게도 시대는 춘추전국시대였다. 공자의 말이 쉽게 실현되기 어려운 난세였다. 전쟁이 난무하는 시대에 공자처럼 차분히 공과 예를 떠올릴 수 없었다. 코앞에서 전투가 일어나는데 누가 '공경, 충성, 부지런함'을 바라고, '뛰어난 사람을 들어 올리고 무능한 사람을 가르치려' 할까? '정중함', '효도', '자애로움', '유능함'을 추구했다가는 갑자기 쳐들어온 군대로 인해 순식간에 무너질 수 있는 것이다.

당시 제후들이 어질고 의롭게 행동하고, 일을 잘 처리하는 방법을 배우면서도 실천하지 못한 이유는 외부 환경이 허락하지 않았기 때문이었다. 전쟁이 끊이질 않는 상황에서 권력자는 공자, 맹자가 말한 수신修身과 치국治國의 도리를 공부했지만, 한편으로는 병력을 동원해 진을 치며 전쟁을 벌여야 했다. 난세일수록 공자의 말에 더욱 경청해야 하거늘, 세상은 그리 호락호락 돌아가지 않는 법이다.

효호유효 孝乎惟孝

정치는 권력을 누리는 것이 아닌, 영향력을 펼치는 일이다

———— ◆ ————

누군가가 공자에게 묻기를 "선생께서는 왜 정치를 하지 않으십니까?"

공자가 대답하길 "『서』에 '효이니, 오직 효하고 형제간에 우애로써 정치를 한다'라고 했으니 이 또한 정치를 하는 것이니 어찌 그것만 정치라 할 수 있겠는가?"

或謂孔子曰 "子奚不爲政?"

子曰 "『書』云: '孝乎惟孝, 友于兄弟, 施於有政!' 是亦爲政, 奚其爲爲政?"

혹위공자왈 "자해불위정?"

자왈 "『서』운: '효호유효, 우우형제, 시어유정!' 시역위정, 해기위위정?"

이 질문은 다음과 같은 뜻이 담겨 있을 것이다.

'선생처럼 유명하신 분이 왜 관직에 나가지 않습니까?'

정치를 그 어떤 일보다 명예롭고 위대한 일로 생각하는 사람들이 많다. 이런 사람들에게는 대단한 재력을 자랑해도 소용이 없다. 아버지도 이와 비슷한 생각을 가진 분이었다. 일정한 소속에서 어느 정도의 위치로 권력을 펼치고, 정치적인 행위를 하는 사람을 제대로 된 인물이라고 보았다. 그래서 아버지는 나의 업무이자 돈벌이인 '판덩독서'를 못마땅해하셨다. 내가 변변한 직업을 가지지 못했다고 생각하신 아버지는 나를 볼 때마다 근심 가득한 얼굴로 "직업 없이 어쩔 것이냐?"라고 물으셨다.

나는 아버지에게 '사람들에게 지식을 알려주고, 많은 사람에게 일할 기회를 만들어주는 것이 나의 직업'이라고 말씀드렸다. 그러나 아버지는 이런 질문을 던졌다. "그럼 직함은 무엇이냐?" 나는 아무런 대답도 하지 않았다. 내가 하는 일에는 직함이 없다. 아버지 눈에는 내가 '판덩독서'를 아무리 잘 운영해도 그럴듯한 직함 하나 있는 것만 못했던 것이다.

정치를 하지 않는 이유를 묻는 말에 공자는 어떻게 대응했을까? 공자는 '효로써 부모를 효도하고, 형제 사이에 우애를 맺어, 효도와 우애의 도리로 정치에서 영향을 만들어낸다'는 옛말을 인용했다. 공자의 말은 정치가가 되는 것만이 정치를 하는 것이 아니라는 뜻이다. 공자의 논리대로라면 지식을 알리고 독서 방법을 가르치는 '판덩독서' 또한 사회를 위한 공헌이자, 사람을 다스리고 가르치는 정치와 같지 않을까? 일을 할 때 꼭 직함을 가질 필요는 없다.

사회 발전에 도움이 될 수 있는 일을 하는 것이 중요하다. 공자의 말은 직함으로 사람을 평가하지 말라는 충고인 것이다. 공자는 비록 관직이 없었지만, 무엇을 이해해야 하고 무엇이 중요한지를 아는 현인이었다.

나는 불안할 때 논어를 읽는다

인이무신, 부지기가야 人而無信, 不知其可也
외롭다고 느낄 때
신용의 쐐기를 박아라

◆

공자가 말하길 "사람이 신용이 없으면 그 가함을 알지 못한다. 큰 수레에 끌채 끝 쐐기가 없고, 작은 수레에 끌채 끝 쐐기가 없다면 어찌 움직일 수 있겠느냐?"

子曰 "人而無信, 不知其可也. 大車無輗, 小車無軏, 其何以行之哉?"

자왈 "인이무신, 부지기가야. 대거무예, 소거무월, 기하이행지재?"

공자는 신용을 지키지 않는 사람을 설명하기 위해 가축이 끄는 수레의 예를 들었다. 문장에 적힌 '큰 수레'는 소와 연결하고, '작은 수레'는 소보다 몸집이 작은 말이나 당나귀에 연결시킨다. '큰 수레에 끌채 끝 쐐기가 없고, 작은 수레에 끌채 끝 쐐기가 없다'에 쓰인 한자 '예輗'와 '월軏'은 둘 다 쐐기를 말한다. 쐐기는 소와 말을 수레와 연결시키는 장치이다. 따라서 끌채에는 반드시 쐐기가 있어야 소나 나귀가 수레를 끌 수 있다. 끌채 끝의 쐐기는 비록 눈에 잘 띄지는 않지만, 수레에서 아주 중요한 역할을 한다. 가축의 힘이 쐐기를 통해 수레에 전해지기 때문이다.

수레의 비유를 인간관계에 적용시켜 보자. 사람과 사람은 서로 믿음이 있어야 상호교류가 가능하다. 인간관계의 신용은 수레의 쐐기와 같은 역할을 한다. 공자는 수레의 비유를 통해 신용이 없다면 사람과 사람의 협력이 불가능하다는 것을 알려주고 있다. 공자는 높은 경지의 사람이든, 낮은 위치의 사람이든 모두 신용을 지켜야 한다고 생각했다.

공자는 소인들에게 이렇게 말했다. "말은 반드시 신용 있게 하고, 행동은 반드시 과단성 있게 한다言必信, 行必果." 공자는 신용이 사람됨의 가장 기본이라고 강조했다.

신용이 없는 사람은 외롭다. 신용을 잃는다면 이 세상에서 혼자 싸우고 혼자 방황할 수밖에 없다. 만약 당신이 외롭다는 생각이 들면 사람들에게서 신용을 잃었는지 반성해보자.

수백세가지야 雖百世可知也
민족 문화의 자신감으로
미래를 예견한다

—— ◆ ——

자장이 묻기를 "열 세대 뒤의 일을 알 수 있습니까?"
공자가 대답하길 "은나라는 하나라의 예를 따랐으니,
줄이고 더한 것을 알 수 있다. 주나라는 은나라의 예
를 따랐으니, 줄이고 더한 것을 알 수 있다. 만일 주
나라를 계승한다면 백 세대 뒤의 일이라도 알 수 있
다."

子曰 "殷因於夏禮, 所損益可知也. 周因於殷禮, 所損益可
知也. 其或繼周者, 雖百世可知也."

자장문 "십세가지야?"

자왈 "은인어하례, 소손익가지야. 주인어은례, 소손
익가지야. 기혹계주자, 수백세가지야."

논쟁이 있는 문장이다. 학자들 중에는 공자가 이런 말을 했을 리가 없다며 후세 사람들이 『논어』에 추가한 문장이라고 주장하는 이들도 있다. 하지만 공자가 한 말이 아니라고 단정할 수도 없다. 어떤 문제가 있는 걸까? 먼저 문장을 해석해보자.

자장이 공자에게 '지금으로부터 열 세대 뒤의 일을 알 수 있냐'고 물었다. 여기서 한 세대는 30년을 뜻한다. 그렇다면 과연 우리가 300년 뒤에 일어날 일들을 예측할 수 있을까?

자장의 물음에 공자는 '예禮'를 언급한다. 공자가 나라의 '예禮'를 따르라고 언급한 것은 예악사상禮樂思想을 바탕에 두고 이야기한 것이다. '예악사상禮樂思想'은 '예禮'와 '악樂'으로 사람들을 교화하여 인을 실현해 조화로운 사회를 이루기 위한 유가의 사상이다.

공자의 답변을 자세히 살펴보자. 은나라의 예악은 하나라를 답습해 일부를 줄이고 다른 것들을 추가한 것이다. 주나라 예악도 은나라를 답습해 일부를 추가하고 줄인 것이다. 공자의 말대로라면 예악사상은 변함없이 이어져 오는 것이다. 또 그의 논리대로라면 주나라 이후 후세에도 예악이 계승되기 때문에 시간이 아무리 흐른다 해도 미래를 예측해낼 수 있다. 하지만 주나라 뒤에 수많은 왕조가 교체되었다. 주나라 뒤 진나라, 한나라, 서진西晉과 동진東晉, 남북조南北朝, 오호입화五胡入華, 수나라, 당나라, 송나라, 원元나

나는 불안할 때 논어를 읽는다

라, 명나라, 청나라… 등등. 그들이 예악을 대대손손 이어갈 것이라는 건 알 수 없는 일이었다.

그런데 왜 공자는 "백 세대 뒤의 일이라도 알 수 있다"라고 확신했을까? 아마도 민족 문화에 대한 자신감 때문이었을 것이다. 공자는 역사의 법칙을 알면 먼 미래도 예견할 수 있다고 보았다. 그는 민족의 문화가 왕조마다 약간의 변화와 수정을 거치더라도 꾸준히 계승될 것이라 예측했다.

민족 문화에 대한 자신감은 당시 공자 자신의 자신감과 연관되었을 것이다. 공자는 비록 관직에 오르지는 못했지만, 위나라, 송나라, 제나라 등 각국의 사람들에게 존경을 받았다. 그래서 공자는 문화의 힘을 믿었다. 사람들에게 인정받은 문화의 힘은 반드시 계승된다고 믿었던 것이다. 공자의 민족 문화에 대한 자부심 중 가장 큰 부분은 문자였을 것이다. 민족의 전통문화가 계승될 수 있었던 것은 문자 덕분이었다. 문자가 없는 민족들은 그들의 과거를 체계적으로 기억하지 못했고, 문화와 문명을 발전시키지 못했다.

우리가 지금 공자를 공부할 수 있는 것 또한 문자가 있었기 때문에 가능하다.

견의불위, 무용야 見義不爲, 無勇也

마땅히 나서야 할 일에는
칼을 뽑아라

———— ◆ ————

공자가 말하길 "자기 귀신이 아닌데도 제사를 지내는
건 아첨이다. 의로움을 보고도 행동하지 않는 건 용기
가 없는 것이다."
子曰 "非其鬼而祭之, 諂也. 見義不爲, 無勇也."
자왈 "비기귀이제지, 첨야. 견의불위, 무용야."

청나라의 마지막 황제 푸이溥儀는 백성들의 원성을 샀다. 만주국
의 황제가 일본의 신 아마테라스 오미카미天照大御神에게 제사를 지
냈기 때문이다. 백성들은 야유를 퍼부었다. 자기 귀신이 아님에도
제사를 지내며 아첨을 한다며 백성들은 손가락질을 해댔다.

중국인은 종교가 없다. 그렇다고 아무런 신앙이 없는 것은 아니

다. 고대부터 조상을 믿었던 중국인들은 선조들의 제사를 중요하게 여겼다. 공자는 사람들이 두 가지 이유로 제사를 지낸다고 생각했다. 조상에 대한 감사와 그리움이 첫 번째이고, 선조들이 자신들을 보호하고 도와주길 바라는 마음이 두 번째 이유이다.

공자는 그 두 가지 이유 중 첫 번째를 제사의 본질이라고 여겼다. 만약 두 번째 이유인 후대 사람들을 보호해 달라고 간청하기 위한 것이라면, 자신의 조상뿐만 아니라 모든 신에게 제사를 지내며 자신의 안위를 위해 기도할 수도 있을 것이다. 일본의 신에게 제사를 지냈던 청나라의 마지막 황제처럼 말이다. 그러니 공자는 다른 집안의 조상에게 제사를 지내는 것은 자신만의 안위를 생각한 아첨이라고 말했다.

이 문장은 당대의 사회상을 반영한 것이기도 하다. 공자 시대의 제사는 매우 중요한 의례였다. 노나라 계강자 집이 상을 당했다고 생각해보자. 당시 노나라의 권력을 맹손씨, 숙손씨, 계손씨가 쥐고 있었으니 상을 당한 계강자 집에 벌떼처럼 사람들이 몰려들었을 것이다. 공자의 말처럼 "자기 귀신이 아닌데도 제사를 지내는 건 아첨"이라고 볼 수밖에 없는 상황이다.

두 번째 문장 "의로움을 보고도 행동하지 않는 건 용기가 없는 것이다"를 살피기 전에 공자의 제자 자로의 일화를 살펴보자. 자로는 위험에 처한 아이를 구하기 위해 칼을 휘두르며 무력을 썼다. 집으로 돌아온 자로가 공자에게 물었다.

"스승님, 제가 화를 자초한 것일까요?" 공자가 대답했다. "의로움을 보고도 행동하지 않는 건 용기가 없는 것이다." 이는 마땅히 나서야 하는 일에는 주저하지 말고 나서야 한다는 뜻이다.

공자는 '사람은 세 가지 도인 지^智, 인^仁, 용^勇을 지켜야 마땅하다'고 설파했다. 지혜로운 사람은 미혹되지 않고, 어진 사람은 근심하지 않으며, 용기 있는 사람은 두려움을 모르는 것이다. "의로움을 보고 행동하지 않으면 용기가 없다는 것"이라는 공자의 말은 이런 맥락에서 나온 말이다.

"자기 귀신이 아닌데도 제사를 지내는 건 아첨이다"와 "의로움을 보고도 행동하지 않는 건 용기가 없는 것이다"라는 두 구절은 언뜻 봐서는 연관성이 없어 보인다. 하지만 깊이 생각해보면 두 문장은 서로 연결이 되어 있다. '아첨'이나 '의로움을 보고 행동하지 않는 것'은 모두 사리사욕 때문에 생겨나는 일이다. 개인의 욕심에 지나치게 연연하면 다른 사람에게 아첨하고, 의롭게 행동하는 용기를 잃게 된다.

論語

마음이 불안할 때 되돌아보는 예법,

그리고 음악

시가인, 숙불가인 是可忍, 孰不可忍
선한 본성의
의지를 막지 말라

———— ◆ ————

공자가 계씨에 대해 말하길 "뜰에서 팔일무를 추게 하니
이것을 할 수 있다면 하지 못할 게 뭐가 있겠느냐?"
孔子謂季氏 "八佾舞於庭, 是可忍也, 孰不可忍也?"
공자위계씨 "팔일무어정, 시가인야, 숙불가인야?"

『논어』 제3편 '팔일'의 첫 문장이 예사롭지 않다. 공자의 분노
에 찬 목소리가 들려오는 것 같다. "뜰에서 팔일무를 추게 한다"
는 것은 어떤 뜻일까?

당시에는 춤에도 지켜야 할 규범이 있었다. 열을 맞추어 춤을
추어야 한다. 선비들은 2열, 경부대는 4열, 제후는 6열, 군왕과 천
자만이 8열로 춤을 추었다. 위 문장에 나오는 "팔일무"의 한자 '일

佾'은 8명이 한 줄로 서는 것을 말한다. 따라서 "팔일무"는 8명이 8줄로 모두 64명이 춤을 추는 것이다. 뜰에서 64명이 일사불란하게 열을 맞추어 추는 춤은 웅장하고 아름다웠을 것이다.

귀족인 계씨는 노나라 왕보다 지위가 낮았다. 하지만 나라의 권력을 거머쥔 '삼환씨' 중의 한 사람이었던 계씨는 막강한 군사력을 지니고 있었다. 따라서 그는 자신의 집에서 잔치를 치르며, 군왕과 천자만이 출 수 있는 팔일무를 출 수 있었다.

공자는 이 일을 듣고 격분에 찬 목소리로 화를 냈다. 나는 공자의 뜻을 다음과 같이 생각한다. '그가 이런 일도 할 수 있다면, 하지 못할 일이 뭐가 있겠느냐?' 내가 이 문장을 이렇게 해석하는 이유는 뭘까!

맹자는 성선설性善說을 주장했다. 하지만 양심의 가책 없이 심각한 범죄를 저지르는 나쁜 사람들이 이 세상에 분명히 존재한다. 그런데도 왜 맹자는 사람의 본성이 선하다고 주장했을까? 도둑의 심리를 살펴보자. 도둑이 도둑질을 하는 것은 무언가 목적이 있기 때문이다. 자신이 한 일이 나쁜 행동이라는 것을 알고 있지만 피치 못할 사정으로, 혹은 습관적으로 늘 하던 행동이라 했던 것뿐이다. 다시 말해 도둑일지라도 선과 악이 무엇인지를 알고 있기에 인간의 본성은 선하다는 것이다.

내가 아는 어떤 학자는 성선설을 이렇게 설명했다. '선함이란 변화하는 상태에 놓여 있다. 모든 사람의 내면에는 선함으로 향하는 힘이 있고, 이것이 바로 인간의 본성이 선하다는 의미'라는 것이다. 그런데 왜 어떤 사람은 내면에 선함으로 향하는 힘이 있음에도 나쁜 짓을 하는 것일까? 그 이유는 참을 '인忍'에 있다. 나쁜 짓을 하게 되는 것은 그 사람이 나쁜 일이나 고통을 보고도 참을 수 있기 때문이다. 예를 들어 한 아이가 동물을 괴롭히고 있는데 누군가 그저 멍하니 지켜보고 있다고 생각해보자. 그 누군가는 동물이 괴롭힘을 당하고 있는 걸 보고만 있는 것이 옳지 않은 일인지 알면서도 참고 있기 때문에 결국 나쁜 일이 발생하게 된다는 것이다.

영화나 드라마, 소설에서 성선설에 대한 이야기들이 많이 묘사된다. 나쁜 사람은 나쁜 일을 실행에 옮기기 전에 결심한다. 무엇을 결심하는 것일까? 바로 마음이 선함으로 향하려 하는 것을 참는 것이다. 다른 사람과 공감하는 것을 참고, 다른 사람의 생각에 귀를 기울이려는 마음을 억누른다. 이렇게 선한 본성을 참을 수있는 이유는 자신의 이익, 체면, 지위를 더 중요하게 생각하기 때문이다. 다시 말해, 외부에서 쟁취해야 할 것을 위해서 본성을 참을 때 나쁜 짓을 하게 되는 것이다.

다시 공자의 말을 살펴보자. "이것을 할 수 있다면 하지 못할 게 뭐가 있겠느냐"는 말도 같은 의미이다. 작은 선행이라고 해서 무시하고 외면하거나, 작은 악행이라고 해서 거리낌 없이 행동하는 것은 더 큰 악행의 씨앗이 된다. 아주 작은 악행이라도 지속하다 보면 선한 본성을 억누르는 힘이 갈수록 커지게 된다. 처음에는 작은 악행을 했다가 나중에는 엄청난 악행을 실행하게 되는 것이다.

정리해보면 이렇다. "이것을 할 수 있다면 하지 못할 게 뭐가 있겠느냐"는 말의 정확한 의미는 자기 내면의 선한 본성을 참는 사람은 더 큰 악행도 저지를 수 있다는 것이다. 내면의 선한 본성을 지킬 수 있어야 한다는 공자의 조언인 셈이다. 매우 힘찬 문장으로로 시작된 제3편은 예를 중점적으로 탐색해본다.

삼가자이〈옹〉철 三家者以『雍』徹

권력이 예법을 바꾸지 못하는 법이거늘

---◆---

세 집안이 『시경』의 '옹'을 노래하면서 철상을 했다.

공자가 말하길 "'제후들이 제사를 돕고 천자는 목목하다'라는 가사를 어찌 세 집안의 당에서 쓸 수 있는가?"

三家者以〈雍〉徹.

子曰 "相維辟公, 天子穆穆', 奚取於三家之堂?"

삼가자이 〈옹〉철.

자왈 "'상유벽공, 천자목목', 해취어삼가지당?"

노나라의 군왕은 허수아비에 불과했다. 실제 권력자는 귀족인 맹손씨, 숙손씨, 계손씨로 이들이 국정을 장악했다. 춘추시대의 다른 나라들도 귀족들이 국정을 좌지우지했다. 주나라 천자도 제후들에게 무시당했다. 동주東周의 다른 국가의 군왕들도 점점 권력을 잃어 귀족이 실권을 잡았다. 과히 귀족들의 시대였다고도 볼 수 있다. 그리고 국정을 거머쥔 귀족들도 자신의 가신에게 배반을 당하는 일이 빈번히 일어났다.

공자는 신하들이 국정을 좌지우지하는 이런 상황을 두고 "예악이 붕괴했다"고 말했다. 나라 전체가 혼란에 휩싸여서 아랫사람이 윗사람을 공격하는 일이 비일비재했고, 권력과 군사를 가진 사람은 기회만 있으면 반란을 일으켰다. 심지어 '양호陽虎'라고 불리는 작은 성읍을 관리하던 사람도 나라에 반란을 일으킬 정도로 어지러운 세상이었다.

문장을 보자. 노나라의 세 집안이 또 공자의 심기를 건드린듯하다. 이번 문장은 화를 내지 않고 비꼬는 말투로 반문한다.

공자가 말한 "제후들이 제사를 돕고 천자는 목목하다"라는 구절은 『시경』의 '옹'에 나오는 가사이다. "제후들이 제사를 돕고"는 제후들이 천자 옆에서 보좌하거나 옆에 얌전히 서 있었다는 의미이다. 그리고 "천자는 목목하다"라는 구절은 천자의 장엄하면서 엄숙하고, 온화하며 우아한 모습을 묘사한 것이다.

제사는 옛사람들에게 아주 중요한 의식이었다. 제사상을 거둘 때도 그에 맞는 음악을 연주해야 했다. 천자가 제사를 지내고 철상을 할 때 『시경』의 '옹'이 연주됐다. 그런데 천자도 아닌 삼환씨가 철상을 할 때 '옹'이 흘러나왔으니 공자의 기분이 좋았을 까닭이 없다. 분수에 어긋나는 일인 것이다. 공자는 아무리 권력을 가져 문제 될 것이 없다 해도, 이는 해서는 안 될 일이라고 생각했다.

"어찌 세 집안의 당에서 쓸 수 있는가"라는 뒷부분의 구절에서 '어찌'로 해석한 '해奚'는 '어찌 할 수 있는가'라는 의미이다. 그러니 이 구절은 '어찌 이런 예의 없는 상황이 세 집안의 대청에서 펼쳐질 수 있는가?'라는 말이다. 화를 내지 않았지만 공자의 비꼬는 말투를 느낄 수 있는 문장이다.

앞의 문장 "시가인, 숙불가인是可忍, 孰不可忍"에서는 '이것을 할 수 있다면 하지 못할 게 뭐가 있겠느냐?'라고 말하며 분노를 감추지 못했던 공자가 어째서 이번에는 완곡하게 비꼬기만 했던 것일까? 그건 아마도 공자도 어쩔 수 없다는 자포자기의 심정이 들었기 때문이었을 것이다. 이 같은 상황에서도 공자는 끝까지 '예'를 강조하며 절대 분수에 넘치는 일을 해서는 안 된다고 말했다.

나는 불안할 때 논어를 읽는다

인이불인여례하 人而不仁如禮何

마음이 둔한 사람에게
예법은 의미가 없다

———— ◆ ————

> **공자가 말하길** "사람이 어질지 못하면 예를 어떻게 하며, 사람이 어질지 못하면 악을 어떻게 하겠는가?"
> **子曰** "人而不仁如禮何? 人而不仁如樂何?"
> **자왈** "인이불인여례하? 인이불인여악하?"

이번 문장은 앞의 두 문장을 비판적으로 아우르는 구절이다.

첫 구절 "사람이 어질지 못하면 예를 어떻게 하며"에서 '어질다'는 것은 다른 사람과 공감할 수 있다는 의미이다. 즉, 사람의 마음에 어짊이 없다면 예절에 따라 행동한들 무슨 소용이 있겠냐고 반문하고 있다. 다음으로 "사람이 어질지 못하면 악을 어떻게 하겠는가"라는 말은 고상한 음악을 좋아해도 내면이 나쁜 사람이라면 음악을 들은들 무슨 도움이 되겠냐는 의미이다. 학술과 덕망이 높은 명문 가문에서는 예절과 더불어 음악을 가르친다. 그리고 공자는 어진 마음이 본질이고, 예악 교육은 보조적인 교육 방법이라고 생각했다. 그렇다면 어질지 못한 사람은 예악을 배워도 아무 소용이 없는 것일까?

나는 '어질다'라는 것을 온화하고 사랑이 충만한 상태라고 생각한다. 어린아이의 얼굴을 보면 자연스럽게 자애로운 마음이 생겨 아이에게 관심을 갖게 되고, 힘들어하는 사람을 보면 동정심이 생겨 도와주고 싶은 마음이 드는 것처럼 말이다. 그래서 어짊은 다른 사람에게 공감할 수 있는 마음을 갖게 만든다.

'어질 인仁'의 한자를 살펴보자. 사람 '인亻' 변에 두 개를 뜻하는 '이二'가 합쳐진 글자이다. 따라서 '어짊'은 두 사람이 연결될 때 느껴지는 감정이다. '어짊'의 반대는 '둔함'이다. 사람은 어질고 자애로운 마음이 사라지면 둔해지기 마련이다. 둔한 사람은 다른 사람과 공감할 수 없으며, 자신의 지위와 신분을 드러내기 위해 예악을 이용한다. 이들은 예악이 담고 있는 감정과 의미를 전혀 이해하지 못한다. 이런 부류의 사람들은 돈이나 권력만 최고로 생각해 나머지는 무시한다.

나는 불안할 때 논어를 읽는다

영화 〈무간도無間道〉에 나오는 갱의 두목은 교양이 없는 사람이다. 식당에 들어간 두목은 철갑상어 알로 만든 요리, 캐비어를 주문하며 이렇게 말한다.

"여기 캐비어 한 그릇씩 다 돌리시오!" 캐비어는 비싼 음식이지만, 아무리 돈이 많더라도 배를 채우듯 식사처럼 먹는 음식이 아니다. 하지만 이런 음식을 먹어 본 적이 없던 두목은 캐비어를 두부 먹듯 숟가락으로 게걸스럽게 퍼먹기 시작한다. 이런 일은 일상에서도 비일비재하게 일어난다.

오스트리아 빈에서 음악회를 간 적이 있었다. 관람객 중 한 사람이 음악은 듣지 않고 기념사진을 찍는 데만 여념이 없었다. 외국의 음악회에 디너왔다는 것을 자랑하기 위해서였을 것이다. 그 관객의 부산스러운 행동 때문에 주위 관람객들은 음악에 빠져들지 못해 눈살을 찌푸렸다. 이처럼 마음이 둔하고 지식과 소양이 부족한 사람은 맛을 느끼지 못하고, 음악을 즐기지 못한다. 단지 예악을 돈과 권력을 나타내는 데 이용할 따름이다. 내면이 온화하고 풍부해야 비로소 어질고 자애로운 마음을 느낄 수 있고, 음악의 가치를 알게 된다. 음악뿐만 아니라 다른 것들도 마찬가지다. 어질지 않다면 좋은 차를 몰고 좋은 옷을 입어도 풍기는 분위기는 천박해보일 수 있다.

여기사야, 영검 與其奢也, 寧儉

예의 근본은
온화하고 자애로운 마음

◆

임방이 예의 근본을 물었다.

공자가 말하길 "대단한 질문이다! 예는 사치하기보다
는 차라리 검소한 게 낫고, 상은 잘 치르는 것보다 차
라리 슬퍼하는 게 낫다."

**林放問禮之本. 子曰 "大哉問! 禮, 與其奢也, 寧儉; 喪, 與
其易也, 寧戚."**

림방문례지본. 자왈 "대재문! 례, 여기사야, 영검 상, 여
기이야, 영척."

임방林放은 노나라 계손씨 집안에서 예악을 책임지는 사람이다.
임방이 공자에게 '예의 본질이 무엇이냐'고 물었다. 즉, 사람들이
예를 중시해야 하는 이유가 뭐냐고 물어본 것이다.

우리는 어째서 격식을 차리고 예라는 번거로운 일을 지키려 하는 것일까? 예법에 구속받으며 불필요한 사회적 비용을 소진시키는 것은 아닐까? 예의 존재 이유는 무엇이며, 예의 본질은 무엇일까? 공자는 임방의 질문을 듣고는 감탄을 금치 못하며 '대단한 질문'이라고 칭찬한다. 공자가 감탄했던 이유는 뭘까? 임방이 스스로 생각해 큰 문제에 관심을 가질 줄 아는 사람이었기 때문이다.

자, 다시 문장으로 돌아가자. 임방이 예의 근본을 물었을 때 공자는 이렇게 대답했다.

"예절은 사치하기보다는 차라리 검소한 게 낫다."

공자는 중국 역사에서 산 채로 무덤에 묻히게 하는 '순장'을 가장 먼저 반대했던 인물이다. 사람을 순장하는 건 너무나도 잔인하고 사치스러운 일이기 때문이다. 공자는 '예의 본질은 내면에 있으니 굳이 순장할 필요는 없다'고 주장했다.

예를 지키는 문제는 적절한 범위에서 실천해야 한다. 만약 장례를 치를 때 화환도 없고 빈소도 설치하지 않는다면 공자는 무성의하다며 적정선에 미달한 것이라고 보았을 것이다. 장례에서 가장 중요한 것은 떠나간 사람을 그리워하는 마음이다. 그리고 이런 마음을 담아 적절한 수준에서 예와 격식을 갖추어야 하는 것이다. 공자는 장례가 사치로 향하는 걸 걱정하면서도 한편으로는 검소함을 지나치게 중요시하다가 정도를 벗어나게 될까 걱정했다. 간결함을 너무 중요시하다가 장례 형식도 없어지고, 울고 슬퍼하며 떠난 사람을 그리워하는 마음도 사라지지 않을까 걱정한 것이다. 공자는 장례에서 가장 중요한 건 슬픔을 표현하는 일이라고 말했다.

동양과 서양의 장례 문화는 다르다. 미국의 전 대통령 조지 허버트 워커 부시George H. W. Bush가 세상을 떠났을 때 아들 조지 워커 부시George W. Bush는 아버지의 생전에 있었던 일을 재미있게 이야기하며 장례에 참석한 사람들과 웃음을 나눴다. 하지만 우리는 장례식에서 울지 않는 걸 이상하게 생각한다. 옛날에는 장례식장에서 전문적으로 우는 일을 책임지는 사람도 있었다. 나도 시골 장례식에 참석했을 때 이런 사람을 본 적이 있다. 리듬과 음율까지 갖추고 쉴 새 없이 울던 사람이 식사 시간이 되자 즉시 울음을 그치는 모습을 보았다. 이것은 공자가 말한 제사의 의미가 아니다. 공자가 말한 슬픔은 내면의 괴로움과 그리움이다. 장례식에서 자신의 슬픔을 솔직하게 표현하는 것이 예의 본질이다. 다시 말해, 우리 내면의 진심, 이것이 예의 기본이며 본질이다. 예는 우리가 알아차리지 못하는 순간에도 우리가 살고 있는 세상을 움직이며, 사람들이 둔한 마음을 갖지 않게 만드는 강력한 힘이다. 온화하고 자애롭고 어진 마음을 향하게 하는 것이 예의 힘인 것이다.

이적지유군 夷狄之有君
진정한 나라는 통치자가 없어도
예악이 이를 대신할 수 있다

———— ◆ ————

공자가 말하길 "오랑캐도 군주가 있으나 제하에 없는 것과는 다르다."

子曰 "夷狄之有君, 不如諸夏之亡也."

자왈 "이적지유군, 불여제하지무야."

이 문장은 앞뒤 상황을 알 수 없어 다양하게 해석이 되고 있다.

노나라 역사서 『춘추^{春秋}』는 공자가 엮은 것으로 알려져 있다. 우리는 『춘추』를 통해 중국의 역사가 어떤 과정을 거쳐 현재에 이르게 됐는지 알 수 있다. 공자의 시대는 여러 나라가 우후죽순으로 난립했던 춘추시대였다. '오랑캐'라고 불리며 주변 국가에 속했던 오나라와 월나라는 종종 한족이 세운 나라들을 공격했다.

공자의 "오랑캐도 군주가 있으나 제하에 없는 것과는 다르다." 는 말의 첫 번째 해석은 '오랑캐 나라에 군왕이 있다고 해도 우리 나라에 군왕이 없는 것만 못하다'는 것이다. 오랑캐의 나라는 정치 체제로만 운영됐다. 반면 한족의 나라는 군왕이 없어도 예악으로 국정을 관리할 수 있었다. 따라서 공자의 말은 예악에 대한 자긍심을 이야기하는 것이다. 만약 군왕의 왕권이 취약해도 예악이 올바르게 운영된다면 그 나라는 문명사회를 유지할 수 있다.

송나라 시대의 해석은 달랐다. '오랑캐들도 군왕이 있는데, 우리는 없다.'로 해석했다. 송대의 유학자들 해석에 따르면, 공자가 오랑캐에 군왕이 있는 것을 부러워했다는 의미가 된다.

두 번째는 송나라 당시의 시대 상황을 반영한 해석이다. 송나라는 크고 작은 전쟁이 끊이질 않았고, 소수 민족이 자주 영토를 침범해왔다. 유학자들은 이런 상황이 군왕다운 군왕이 없었기 때문이라며 안타까운 마음에 '오랑캐들도 군왕이 있는데, 우리는 없다'라고 했던 것이다. 송나라의 유학자들은 군왕에게 위엄을 갖춰 통치력을 발휘하라고 호소했다.

나는 첫 번째 해석이 좀 더 설득력이 있다고 생각한다. 공자는 예악 문화에 대해 강한 자신감과 자부심을 가지고 있었다. 나라를 통치할 때도 군주의 역할보다 예악의 역할이 더 크다고 생각했다.

공자가 강조한 '예禮'와 '악樂'은 각각 '의례儀禮'와 '음악音樂'을 뜻하는 말이다. 이는 모두 고대 정치에서 행하던 의식과 연관된 개념들이다. 주나라 시대에 이르러서 예와 악은 권력을 지닌 인물들이 닦아야 할 덕목이나 사회 통치이념으로 쓰이기 시작했다.

공자가 살았던 춘추전국시대에 등장한 유가 사상가들도 이를 계승해 예와 악을 개인과 사회, 모두의 도덕적 교화를 위한 중요한 수단으로 여겼다. 공자 역시 예와 악을 통치의 가장 근본이 되는 도리로 여겼다. 아무리 나라가 어지러워도, 왕의 자질이 부족하고 비도덕적이라도, 예와 악이 살아 있고, 백성과 신하들이 이를 지킨다면, 그 나라의 명맥은 유지될 수 있다고 보았다. 또한 이를 계승해 유학이 국가의 기본적인 통치이념으로 자리를 잡은 동아시아 국가들에서는 예악의 규범을 갖추고 정비하는 일이 나라를 다스리는 근본으로까지 여겨지게 되었다.

계씨려어태산 季氏旅於泰山

순수하게 공경하고 그리워하는
마음으로 조상 앞에 예를 갖춰라

———— ◆ ————

계씨가 태산에서 제사를 지내려 했다.

공자가 염유에게 말하길 "네가 구할 수 없겠느냐?"

자유가 대답하길 "불가능합니다."

공자가 말하길 "아아! 일찍이 태산의 신령이 임방만 못
하겠느냐?"

季氏旅於泰山. 子謂冉有曰: "女弗能救與?"

對曰 "不能."

子曰 "嗚呼! 曾謂泰山不如林放乎?"

계씨려어태산. 자위염유왈 "여불능구여?"

대왈 "불능."

자왈 "오호! 증위태산불여림방호?"

임방이 두 번째로 출현한 문장이다. 이 문장에서도 계씨가 또 분수에 넘는 짓을 저질렀다. 계씨가 군왕만이 할 수 있는 제사를 지내려 했던 것이다. 자신이 군왕보다 권세가 더 높다는 것을 은근슬쩍 드러내려 했던 것 같다.

태산에 제사를 지내는 것은 천자와 공후의 특권이었다. 진시황이나 한무제漢武帝같은 황제만이 태산에서 제사를 지낼 수 있었다. 그럼에도 계씨는 태산에서 제사를 지내려 했고, 공자는 귀족 신분인 계씨의 행동을 용납할 수 없었다. 공자가 염유에게 말했다.

"네가 가서 계씨를 설득해볼 수 없겠느냐?"

염유冉有는 공자의 제자 중 하나로, 훗날 계씨의 재상이 될 정도로 정치에 능한 사람이었다. 공자는 염유에게 물으면서 구원할 '구救'자를 사용했다. 즉, "계씨가 아주 잘못된 일을 하려고 하니 네가 가서 그를 구할 수 없겠느냐? 설득해서 가지 못하게 할 수 있겠느냐?"라고 물었던 것이다. 염유는 불가능하다고 답했다. 계씨의 결심이 확고해서 말릴 수 없는 상황이었던 것이다. 그러자 공자가 말했다. "아아! 일찍이 태산의 신령이 임방만 못하겠느냐?"

이 대화에는 두 가지 해석이 있다. 첫 번째 해석은 계씨 집안에서 예악을 담당하는 관리였던 임방이 계씨에게 태산에서 제사를 지내라고 조언했다는 것이다. 이러한 관점에서 보자면 공자의 말은 "너희들은 어째서 임방의 말을 들으려 하는 것이냐. 태산을 존중하지 않는 것이냐?"라는 의미가 된다. 하지만 임방을 탓하는 해석은 논리에 맞지 않는다. 평소 임방을 칭찬했던 공자가 갑자기 그를 비난했다는 것은 문맥에 맞지 않기 때문이다.

두 번째 해석은 다음과 같다. '너희들은 태산에 가서 제사를 지내 도움을 받으려 하지만, 태산의 경지가 임방만 못하다고 생각하는 것이냐? 임방도 예의 본질을 알고 있는데, 태산이 예법에 어긋나는 제사를 받아 줄 것 같으냐?'이다.

노나라에서 임방이 예악 담당관이었던 만큼 공자는 임방을 예의 표준으로 삼고 태산과 비교를 했다. 임방도 이런 예법에 어긋나는 행동을 받아들이지 않을 것인데, 하물며 태산이 받아들일 것 같으냐고 반문한 것이다. 즉, 여기서 우리는 계씨의 행동을 저지하려는 임방의 태도가 무시되었다는 사실을 알 수 있다.

공자는 사람의 일은 하늘이 모두 지켜보고 있으니 속일 수 없다고 믿었다. 계씨가 태산에서 제사를 지내는 것은 모순된 면이 있다. 태산에서 제사를 지내는 것은 계씨가 태산에 신령이 있다는 걸 믿는다는 의미이다. 사람보다 높은 경지의 신령은 귀족인 계씨가 태산에서 제사를 지낸다고 한들 예법을 어긴 그를 비호해주지 않을 것이다. 계씨가 정말 태산에 신령이 있다고 믿었다면 신령을 속이거나 양심에 어긋나는 일을 해서는 안 된다. 그러니 태산에서 제사를 지내는 것은 안 될 일이었다. 신령의 비호를 받기는커녕 오히려 벌을 받을 수도 있으니 말이다.

반대의 경우도 마찬가지다. 태산에 신령이 있다는 걸 믿지 않았다면, 계씨가 그곳에서 제사를 지내는 게 무슨 의미가 있을까?

이 이야기는 우리 모두의 제사와 관련이 있다. 사람들은 사찰에 가서 예불할 때 향을 피우지 않으면 손해라고 생각한다. 『금강경金剛經』에는 이런 구절이 있다.

"형색으로 나를 보거나 음성으로 나를 구하려 하는 건 바르지 않은 도를 행하는 사람이니 여래를 보지 못한다若以色見我, 以音聲求我, 是人行邪道, 不能見如來."

부처는 사람들에게 자신에게 절을 하거나 향을 피우라고 요구하지 않았고, 누구를 도와주겠다고 약속하지도 않았다. 부처는 신이 아니라 평범한 사람이었다. 이에 부처는 사람들에게 자기를 우상화시키지 말라고 말했다. 하지만 사람들은 부처와 일종의 거래를 하려 한다. "바르지 않은 도를 행하는 사람이니 여래를 보지 못한다"는 구절의 의미는 사람들이 부처에게 절을 하고 향을 피운 대가로 부처가 자신을 비호해주기를 바라는 것이다. 이렇게 말할 수도 있을 것이다. 공자의 말을 빌려, "일찍이 부처가 임방만 못했을까?" 사람들에게 널리 추앙받는 부처가 다른 사람보다 멍청하지는 않았을 테니 말이다. 사람들은 나쁜 일을 한 뒤 향을 피워서 속죄하려 하지만, 이것이 과연 가능한 일일까?

　공자의 종교관은 아주 확고했다. 우리가 조상에게 제사를 지내는 이유는 조상을 그리워하는 마음 때문이다. 우리가 부처에게 절을 하는 이유는 감사하고 공경하기 때문이다. 우리가 공자의 사당에서 향을 피우는 이유 또한 공자를 존경하고, 그리워하기 때문이다. 공자의 사당에서 절을 하고 향을 피운다고 해서 공자가 자식들이 명문 학교에 갈 수 있게 도와주지는 않는다. 그저 순수한 마음으로 그리워하고, 공경하고, 존경하며 예를 행하면 된다. 부처나 공자나 조상이 바라는 것은 오직 그뿐이다.

나는 불안할 때 논어를 읽는다

군자무소쟁 君子無所爭

군자답게 경쟁하는
세 가지 원칙

———— ◆ ————

공자가 말하길 "군자는 경쟁하지 않지만, 반드시 활쏘기에서는 경쟁한다. 읍하고 올라가서 내려와 술을 마시니 그 경쟁은 군자답다."

子曰 "君子無所爭. 必也射乎. 揖讓而升, 下而飮. 其爭也君子."

자왈 "군자무소쟁. 필야사호. 읍양이승, 하이음. 기쟁야군자."

처음 『논어』를 읽었을 때 가장 마음에 들었던 문장이다. 원래부터 싸움을 좋아하지 않았던 나는 경쟁에 대한 공자의 말에 크게 공감했다.

나는 이 문장의 의미를 두 가지로 나누어서 이해하고자 한다.

247

하나는 '경쟁'이고, 다른 하나는 '진취'이다. '경쟁'에서의 승리는 오직 한 사람이기 때문에 남는 것 없는 제로섬 게임일 뿐이다. 반면 '진취'는 새로운 가치를 창조해내는 힘이다. 즉, 이기고 지는 것을 떠나서 새로운 무언가를 성취하는 것이 진취이다.

"하늘의 운행이 굳세니 군자는 이를 바탕으로 쉬지 않고 힘쓴다天行健, 君子以自强不息." 군자 같은 공자는 이 말처럼 끊임없이 진취하려 노력했다. 공자는 "하루를 새롭게 하고, 날마다 새롭게 하며, 더더욱 날로 새롭게苟日新, 日日新, 又日新" 하기 위해 평생 노력했다. 이런 면에서 공자는 굳세고 미래지향적인 사람이었다. 누구든지 군자가 될 수 있다. 명예와 이익만을 좇지 않고, 창조하고 진취할 수 있는 일에 참여한다면 말이다.

위의 문장은 공자가 언급했을 당시의 상황도 함께 살펴야 제대로 뜻을 이해할 수 있다. 공자는 다른 사람과의 경쟁에서 이기려고 발버둥치지 않았다. 분열과 갈등의 상황 속에서 공자는 쟁론을 멈추고 그 자리를 떠났다. 위나라를 떠났고, 제나라를 떠났으며, 청나라에서도 떠났다. 반대에 부딪힐 때마다 그는 떠났다. 이런 공자의 모습을 보며 사람들은 이렇게 말했을 것이다. "어째서 싸우지 않으십니까? 어째서 논쟁을 피하십니까?"

공자는 다음과 같이 생각했다. "사람은 할 수 있는 일을 다 하면 하늘의 명을 기다려야 한다盡人事, 待天命." 그래서 공자는 저급한 일에 참여하거나 다른 사람과 진흙탕에서 싸우길 원치 않았다. 공자는 말했다.

"나는 싸우지 않고 끊임없이 가치를 창조할 뿐이다."

그렇다면 올바른 경쟁의 방법은 어떤 것일까? 공자는 "반드시 활쏘기에서는 경쟁한다"고 했다. 말 그대로 활쏘기는 경쟁할만한 것이라는 뜻이다. 활쏘기는 당시 귀족들이 예의를 지키며 경쟁하던 스포츠였다. 활쏘기 전에 하는 말이 있다. "읍하고 올라가라." 먼저 서로 인사를 하고 양해를 구한 뒤 올라가서 활을 쏴야 하는 예의를 말한다. 활을 쏜 후에도 하는 말이 있다. "내려와 술을 마셔야 한다." 활쏘기를 마치고 난 뒤 함께 술을 마시며 서로에게 배우고 노력한 부분에 감사의 마음을 표현하는 것을 말한다.

위에서 묘사한 활쏘기 장면을 한번 상상해보면 활쏘기가 얼마나 멋진 스포츠였는지 알 수 있다. 경쟁은 하되, 도와 예를 지키는 군자들의 모습은 가히 영화 속의 한 장면 같다. 공자는 그래서 "그 경쟁은 군자답다"라고 했던 것이다.

군자답게 경쟁하기 위해서는 지켜야 할 규칙이 있다. 첫째, 선을 지키며 경쟁한다. 둘째, 상대방을 존중한다. 셋째, 개인의 이익이 아닌 대세를 위해 고려한다. 그러기 위해서 스스로 창조력을 발휘하며 더 큰 비전을 가져야 한다. 만약 이 세 가지 규칙을 지킬 수 있다면 군자답게 경쟁한다고 할 수 있다. 머릿속으로 상상해보자. 고대 사람들의 활쏘기 경기처럼 다른 사람과 공평하게, 예를 갖춰 경쟁한다면 어떤 모습이 펼쳐질까? 아마도 아주 멋지고 아름다운 광경일 것이다. 모든 사람이 공정하게 노력해서 일하며 경쟁하는 사회는 희망이 있다.

'판덩독서'에서 소개한 『구글은 어떻게 일하는가How Google Works』는 세계 일류 기업의 조직 문화를 설명한다. 구글 직원들의 사내 경쟁은 치열하다. 하지만 다른 사람이 자신보다 능력이 뛰어나다고 불쾌해하지 않는다. 다른 직원이 자신보다 뛰어나다는 이유로 화를 내거나 소동을 일으키는 직원이 있다면 구글은 세계적인 기업이 될 수 없었을 것이다. 다른 사람이 뛰어나다는 이유로 싸우고 경쟁하는 것은 군자다운 경쟁이 아니기 때문이다.

사소한 이익을 위해서 우리는 살면서 얼마나 많이 다투고 경쟁하는가? 사람들과 충돌하는 원인 중 대부분이 명예, 이익, 의리, 체면 때문이 아니던가? 양쪽 모두 손해를 보는데도 기어코 싸워서 이기려 달려드는 것은 소인배들의 경쟁이다.

옛날 논어 해설가들은 "군자는 경쟁하지 않는다"는 부분만 인용하는 경우가 많았다. 그래서 경쟁 상황에서 물러나야 한다고 설명했다. 그러므로 이 문장은 아무 말 없이 물러나는 뜻으로 이해되면서 점차 도가에서 말하는 '아무것도 하지 않는다'라는 '무위無爲'와 비슷해졌다. 하지만 이 문장에서 우리가 꼭 기억해야 할 부분은 "그 경쟁은 군자답다"라는 구절이다.

현대 사회는 곧 경쟁 사회다. 다만 경쟁에서 진취의 개념을 분명히 이해하고, 군자다운 경쟁을 해야 함을 잊지 말아야 한다.

오하이관지재 吾何以觀之哉

리더가 피해야 할
세 가지 그릇된 예절

———— ◆ ————

공자가 말하길 "윗자리에 있으면서 너그럽지 않고, 예
를 행함에 공경하지 않으며, 상을 지내면서 슬퍼하지
않는다면 내가 어찌 볼 수 있겠느냐?"
子曰 "居上不寬, 爲禮不敬, 臨喪不哀, 吾何以觀之哉?"
자왈 "거상불관, 위례불경, 림상불애, 오하이관지재?"

공자가 윗사람이 보여서는 안 되는 태도에 대해 말하고 있다.

윗사람이 멀리해야 할 첫 번째 태도는 "너그럽지 않은 것"이다.
윗사람이라 할 수 있는 리더는 너그러워야 한다. 아랫사람에게 관
대하고 포용적인 태도를 취해야 조직을 이끌 수 있다. 리더는 아
랫사람에게 가장 기본적인 요구만 해야 하며, 일을 제대로 처리하

지 못해도 질책하기보다 포용할 수 있어야 한다. 그래서 공자는 "군왕은 예로써 신하를 부려야 한다"고도 말했다.

두 번째로 보여서 안 되는 태도는 "예를 행함에 공경하지 않는 것"이다. 예를 실천하면서 공경함이 없다는 것은 예의 근본을 몰라 존경하는 마음이 내면에서 우러나오지 못하는 것이다. 예를 알지 못하는 백성들이 예를 실천하지 못하는 것은 당연한 일이다. 하지만 예법을 알면서도 공경심 없이 겉으로만 예를 실천하는 사람들도 있다. 이는 개인의 이익을 위해 예를 형식적으로 실천하는 것을 말한다. 특정한 목적을 위해 예를 실천하니 당연히 존경심이 우러나올 수 없다. 그래서 "내가 어찌 볼 수 있겠느냐"는 공자의 말은 '예를 실천하면서 공경하지 않는 사람은 마주 볼 수 없다'라는 의미이다.

세 번째로 경계해야 할 태도는 "상을 지내면서 슬퍼하지 않는 것"이다. 이는 장례식 예절을 말하는 것으로 슬픈 표정을 짓지 않는 사람들에게 주의를 주는 것이다.

『논어』에 이런 문장이 있다. "공자는 곡을 한 날에는 노래를 부르지 않았다子於是日哭, 則不歌." 노래를 좋아하고 흥이 많은 공자이지만 장례식에 참석했을 때는 곡소리를 냈고, 그 뒤에는 하루 종일 노래를 부르지 않았다는 이야기다. 공자는 상을 당한 것에 슬픔을 표시하며 "마지막을 신중히 하고 멀리까지 추구"하려 했다. 이처럼 장례식에 참석하면 내면에서 우러나오는 슬픔을 표현해야 한다. 좋은 인간관계를 유지하기 위해 장례식에 참석한 사람들은 상을 당한 상대방의 슬픔을 나누는 일에 집중하지 않는다. 이들의 머릿속에는 어떤 이해관계가 깔려 있다. 상대방이 어려울 때 도움을 주었으니 나중에 자신이 난처한 상황에 빠졌을 때 그 사람을 이용하려는 속셈이다.

장례식에서 눈물을 흘리며 슬픔을 나누는 이유는 상을 당한 상대방의 마음을 공감하기 때문이다. 이 공감 능력은 인류가 가진 능력 중 하나이다. 우리는 슬픔뿐만 아니라 기쁨을 나누며 남과 더불어 살아가야 한다. 따라서 장례식에서 예를 갖춰 슬픔을 표현하고, 상대방의 마음에 공감하는 것은 공동체 의식을 발전시키는 행위이다.

공자가 지적한 윗사람의 세 가지 태도, "윗자리에 있으면서 너그럽지 않고", "예를 행함에 공경하지 않고", "상을 지내면서 슬퍼하지 않는다"는 것은 모두 어질지 않기에 나오는 행동들이다. 어질지 않다는 것은 마음속에 자신의 이익에 관한 생각밖에 없어서 자애로운 마음을 갖지 못하고, 공감하는 능력도 없는 것을 말한다. 이런 사람은 예의 의미와 본질이 무엇인지 알지 못할뿐더러,

예를 이해하려는 노력도 하지 않는, 이해타산적이며 지나치게 실용주의적인 인물이다. 이들은 예는 단순히 규칙이라고 생각해 형식적으로만 예를 표한다.

　예의 근본은 '어짊'이다. 우리는 다른 사람의 감정을 감지해낼 수 있는 부드러운 마음을 길러야 한다. 경직되고 형식적이며 이기적인 마음을 갖고 있는 리더는 조직을 이끌 수 없다. 지능이 뛰어나다고 좋은 리더가 되는 것은 아니다. 아랫사람에게 어질게 대하는 능력은 유능한 리더의 필수 덕목이다.

실용주의자들의 예식에 대한 공자의 탄식

---◆---

공자가 말하길 "체는 관을 한 뒤에는 내가 보고 싶지
않다!"
子曰 "禘自旣灌而往者, 吾不欲觀之矣!"
자왈 "체자기관이왕자, 오불욕관지의!"

고대 주나라에서 천자만이 거행할 수 있는 중요한 제사를 '체禘'
라고 한다. 다만 노나라는 주공이 시조인 만큼 제후국 중에서 특
별한 지위를 가지고 있어 체를 지낼 수 있었다.

문장을 해석해보자. "관을 한 뒤에는"에서 '관灌'은 제사 과정에
서 신에게 주악을 올리는 첫 번째 헌주 부분으로, '관례灌禮'라 부
른다. "내가 보고 싶지 않다"라고 말한 것은 관례 이후의 모든 것

들을 보고 싶지 않다는 의미이다. 종합해보면, 공자는 '노나라 왕이 조상에게 제사를 지내는 체에 참가해서 첫 번째 헌주가 끝난 뒤에 펼쳐지는 모든 일을 보고 싶지 않다'고 말한 것이다.

공자가 이렇게 말한 이유는 뭘까? 왜 공자는 관례 이후의 모든 것들이 보기 싫었던 것일까? 첫 번째 가능성은 재미가 없었기 때문이다. 헌작이 끝났다는 것은 조상에게 예를 올렸다는 의미이다. 따라서 이후의 일들은 공자에게 재미없는 과정이라 생각될 수도 있다. 두 번째 가능성은 나머지 이후의 과정은 명예와 이익을 중시하는 부분이 강해서 공자는 통속적이고 무의미하다고 판단해 자리를 떠났을 수 있다. 세 번째 가능성은 나머지 남은 일들이 공자가 생각하기에 옳지 않았기 때문에 떠났을 수 있다.

공자는 어떤 상황에서 불만이 있을 때 "보고 싶지 않다"는 말을 자주 반복했다. 우리도 공자처럼 보고 싶지 않을 일들이 생길 때가 있다. 예를 들어 결혼식의 하객으로 참석했을 때 신랑과 신부가 등장하고 난 뒤의 예식들은 그다지 '보고 싶지 않은' 상황들이다. 친구들이 축가를 불러주고, 흥을 돋우기 위해 여러 가지 이벤트들이 진행되지만, 이런 일들은 그다지 중요하지 않은 예식들이다. 그리고 잘못하면 오히려 결혼식 분위기를 어색하게 만들 수도 있다. 낭만적이면서도 신성해야 할 결혼식의 의미가 퇴색되는 것이다. 공자는 예식과 제사는 모든 과정이 장엄하고 엄숙하게 진행되어야 한다고 생각했다. 하지만 당시에는 크고 작은 제사가 너무 많았다. 이렇게 제사를 자주 지내다 보니 귀족들도 서서히 제사의 예에 무감각해지고, 결국에는 소홀하게 되는 경우가 많았다.

유교는 제사를 개인 수련의 과정으로 본다. 춘추시대 이후로 유교의 지위가 점점 하락하고, 많은 사람이 유교를 반대한 이유는 예식의 과정을 너무 지나치게 중시했기 때문이다. 예식의 세세한 부분까지 열중하고 토론하는 과정에서 인적 자본을 낭비한다는 것이다. 만약 맹자가 다시 유교를 일으키고 순자가 유교를 개혁하지 않았다면, 그리고 한나라 무제가 다른 학파는 모두 없애고 오로지 유교 사상만 숭상하지 않았다면, 공자는 어쩌면 지금처럼 존경받지 않았을 수도 있다.

공자는 예를 중요시했고, 심지어는 하나라와 은나라 예와 관련된 문제까지 자주 토론했다. 하지만 당시의 실용주의자들은 생각이 달랐다. 실용주의자들은 제사를 지낼 때 첫 번째 헌주를 제대로 하면 나머지는 중요하지 않다고 여겼다. 공자는 이런 모습이 분명 보기 싫었을 것이다. 그러니 이 문장은 당시 예식을 둘러싼 사회적 분위기에 대한 공자의 탄식이라 할 수 있다.

혹문체지설或問禘之說

호모 사피엔스를 잇는
제사 지내는 인간

◆

누군가가 체의 내용에 관해 물었다.

공자가 말하길 "모른다. 그것을 아는 사람은 천하에 관해서 이것을 보는 것과 같을 것이다!" 그러고는 손바닥을 가리켰다.

或問禘之說. 子曰 "不知也. 知其說者之於天下也, 其如示諸斯乎!" 指其掌.

혹문체지설. 자왈 "부지야. 지기설자지어천하야, 기여시저사호!" 지기장.

『논어』를 읽다 보면 움직임을 묘사한 생동감 넘치는 문장을 자주 볼 수 있다. 이 문장은 앞의 문장과 이어지는 내용이다.

앞의 문장 "오불욕관지의吾不欲觀之矣"에서 공자는 지나치게 실용

259

주의적인 예식의 진행 과정을 보고 싶지 않다며 한탄했다. 이에 '혹惑'이라고 표현된 '누군가'가 제사의 내용인 '체'에 대해 물어본 것이다. "체 제사 과정에 불만을 토로하셨는데, 체의 기원을 알려 주실 수 있으십니까? 그리고 이런 제사를 진행하는 이유는 무엇입니까? 누가 이 제사 과정을 계획했습니까?" 공자의 답변은 솔직했다. "모른다."

'모른다'는 답변에 대해서도 의견이 분분하다. 공자가 대답하기 싫어서 일부러 모른다고 대답했다고 보는 사람도 있다. 하지만 나는 공자가 모른다고 말했던 이유는 정말 몰랐기 때문이라고 생각한다. 공자는 이런 말을 했다. "안다는 걸 안다고 말하고, 모르는 걸 모른다고 말해야 한다." 공자는 모르는 것을 솔직하게 밝히는 것을 부끄러운 일이라고 생각하지 않았다.

공자는 체에 대해 몰랐지만, 체에 대한 자신만의 관점은 갖고 있었다. 공자는 손바닥을 펼쳐 보이며, 체를 제정한 사람이나 체의 비밀을 자세히 알고 있는 사람은 천하의 모든 일을 손바닥 보듯이 훤하게 볼 수 있을 것이라 설명했다.

공자가 이렇게 생각한 이유는 무엇일까? 인류의 문명사를 파헤친 『사피엔스Sapiens』의 저자 유발 하라리는 인간이 원숭이와 다른 이유는 도구를 제작하고 사용했기 때문이 아니라, 기호를 발명했기 때문이라고 했다. 『철학의 시작哲學起步』의 저자 덩샤오망鄧曉芒교수도 인간과 동물의 차이점을 도구를 사용하는 데서 찾지 않고, 철학적 사유에서 탐색한다고 말한다.

도구는 인간만 사용할 줄 아는 것이 아니다. 침팬지는 흰개미를 잡아먹기 위해 개미구멍에 넣을 수 있는 기다란 나뭇가지 같은 물건들을 찾아내 사용한다. 하지만 사용한 뒤부터 인간과 동물의 차이점이 생긴다. 흰개미 식사를 마친 침팬지는 그 도구를 땅바닥에 버린다. 하지만 인간은 다르다. 인간은 한 번 사용했던 도구를 미래의 어느 시점에 다시 쓸 수 있을 것이라 예측해서 그 도구를 간직하고 휴대한다. 그리고 인간은 한걸음 더 나아간다. 원래 쓰이던 용도를 벗어나 다르게 도구를 활용하는 방법을 강구한다. 가령 막대기는 늑대를 쫓는 몽둥이로 사용할 수도 있고, 두드려 소리를 내는 큰 북의 채로 사용할 수도 있다. 즉, 인간은 도구의 용도를 변형하고 발전시키는 추상적인 사고력을 갖고 있다.

기호의 발명은 도구 이상으로 인간 사회를 혁명적으로 발전시켰다. 오늘날의 휴대폰, 컴퓨터, 인공지능 등 놀랄만한 스마트한 도구들은 아주 간단한 이진법의 기호에서 출발한다. 스마트 기기가 출현하기 이전에도 기호는 인류의 지식과 전통을 공유할 수 있는 수단으로 활용되었다. 조상들의 업적을 기록하고 그들이 했던 과업을 묘사한 문자 기록물들은 후대에 전달된다. 체와 같은 제사 문화도 마찬가지다. 기호와 문자로 보존된 제사의 규칙과 규범, 그리고 제사의 주기를 알려주는 달력을 이해할 수 없다면, 우리는 조상에 대한 제사를 지낼 수 없을 것이다.

역사는 인류가 상고시대 때부터 제사를 지냈다는 것을 알려준다. 제대로 된 언어 활동을 할 수 없는 미개한 상태의 인류도 죽은 사람들에 대한 제사를 지낼 정도의 문명을 갖고 있었다. 인류의 특성을 알려주는 단어들은 많다. '도구를 사용하는 인간'을 말하는 '호모 파베르', '두 발로 걸어 다니는 사람'을 일컫는 '호모 에렉투스', 인간의 사고능력을 강조한 '호모 사피엔스' 등. 우리는 여기서 하나를 더 추가할 수 있겠다. '제사를 지내는 인간'이다.

제사는 그 의식에 참여하는 구성원들을 단결하게 만들고, 공동체 감각을 공유하는 기능을 수행한다. 제사의 기원에 대해 공자는 알지 못했지만, 지금의 우리는 인류학자들 덕분에 그 시초와 의미를 알고 있다. 제사는 문자를 사용하기 이전부터 시작됐다. 그리고 제사는 공동체의 구성원들이 단결할 수 있는 힘이 되어 준다.

나는 불안할 때 논어를 읽는다

획죄어천, 무소도야 獲罪於天, 無所禱也
염라대왕은 만나기 쉬워도
잡귀는 상대하기 어렵다

━━━━━ ◆ ━━━━━

왕손가가 묻기를 "'아랫목에 아첨하기보다는 차라리 부
엌에 아첨하는 게 낫다!'라는 말이 무슨 뜻입니까?"
공자가 대답하길 "그렇지 않습니다! 하늘에 죄를 얻으
면 빌 곳이 없습니다."

王孫賈問曰 "'與其媚於奧, 寧媚於竈!' 何謂也?"
子曰 "不然! 獲罪於天, 無所禱也."

왕손가문왈 "'여기미어오, 영미어조!' 하위야?"
자왈 "불연! 획죄어천, 무소도야."

여러 나라를 돌아다니던 공자가 위나라에 도착했다. 나이가 많
은 위나라 군주 영공은 '남자南子'라는 이름의 부인을 무척 아꼈다.
남자는 미모가 아주 아름다웠지만, 평판은 좋지 않았다고 한다.

왕손가王孫賈는 위나라 영공을 위해 일하는 관리이다. 어느 날 왕손가가 공자를 찾아와 "아랫목에 아첨하기보다는 차라리 부엌에 아첨하는 게 낫다"라는 말의 의미를 물었다. 여기서 '아첨'으로 해석한 '미媚'는 환심을 사거나 비위를 맞춘다는 뜻이다. '아랫목'으로 해석된 '오奧'는 집안의 주신으로 철학과 예술을 관장한다.

"아랫목에 아첨하기보다는 차라리 부엌에 아첨하는 게 낫다"라는 말은 집안 주신에게 잘 보이려 아첨하느니 조왕신에게 아첨하는 게 낫다는 의미이다. 조왕신은 부엌을 관리하는 신이다. 고대에는 조왕신에게도 제사를 올렸다. 조왕신이 하늘로 올라간 날에는 "하늘에 올라가 좋은 일만 말해주고 환궁하셔서 좋은 일만 내려주소서!"라고 빌면서 제사를 지냈다.

조왕신은 사람들이 배불리 먹는 문제와 직접적으로 관련이 있는 신이다. 조왕신과 잘 지내는 것은 식당에서 주방장과 관계를 잘 맺는 것과 비슷하다. 만약 주방장과 사이가 돈독하다면 더 신선한 음식을 더 많이 담아주려 할 것이다.

그런데 왕손가는 왜 갑자기 "'아랫목에 아첨하기보다는 차라리 부엌에 아첨하는 게 낫다!'가 무슨 뜻이냐"는 질문을 했을까? 이 질문은 '위나라 영공의 인정을 받는 것은 아무 소용이 없으니 차라리 영공의 부인인 남자를 찾아가라는 말인가?'라고 묻는 것이다. 다시 말해, '실권을 가진 사람에게 찾아가 아부하는 게 더 이득이 많은 것인가?'라며 공자의 의견을 물었다.

왕손가가 이 질문을 했던 진짜 이유는 실용주의 관점에서 공자를 시험해보거나 공자를 일깨워주기 위해서였을 것이다. 아니면 자신의 앞날을 위해서 공자에게 자신이 바른길로 가야 하는지, 굽은 길로 가야 하는지를 물어본 것일 수도 있다. 아무튼 왕손가는 민간에서 들리는 속담을 가져와 그 안에 담긴 이치를 공자에게 물었다. 이에 대한 공자의 대답은 정직했고, 그래서 더욱 완고한 분위기가 풍긴다. 공자는 이렇게 대답했다.

"집안 주신인 오신이나 부엌을 담당하는 조왕신에게 아부를 떠는 게 무슨 소용이 있겠습니까? 하늘에 죄를 얻으면 어디에 빌든 소용이 없습니다."

불교에 이런 말이 있다. "평범한 사람은 결과를 두려워하지만, 보살은 원인을 두려워한다凡夫畏果, 菩薩畏因." 평범한 사람은 안 좋은 결과가 올 것을 두려워하고, 자신이 재수 없는 일을 당할까 걱정하며 곳곳에 향을 피워 복을 기원한다. 하지만 보살이나 군자 같은 사람은 원인에 신경을 쓴다. "하늘에 죄를 얻으면"이라는 공자의 말과 "보살은 원인을 두려워한다"는 불교의 말은 비슷한 의미이다. 보살은 결과를 두려워하지 않고 원인에만 관심을 가진다.

일이 잘못될까를 걱정하지 않고 나쁜 원인이 생길까를 걱정하는 것이다. 왜냐하면 원인이 없으면 결과도 없기 때문이다. 나쁜 원인은 필연적으로 나쁜 결과를 불러온다.

이런 속담도 있다. "염라대왕은 만나기 쉬워도 잡귀는 상대하기 어렵다." 이는 중요한 인물 곁에 있는 사람과 관계를 잘 맺어야 한다는 뜻을 담고 있다. 공자는 왕손가가 넌지시 물었던 잡귀 같은 위나라 부인 남자에게 잘 보일 생각이 없었다. 공자는 '군자는 경쟁하지 않지만, 만일 경쟁한다면 군자답게 경쟁해야 한다'라고 생각하며 정직하게 관계를 맺으려 했다.

공자는 어떤 신에게도 잘 보일 필요가 없었다. 집안 신이든 부엌 신이든 상관없이 '하늘로부터 인정'을 받으면 충분했다. 공자가 말한 '하늘'은 곧 '도'를 말하는 것이다. 즉, 하늘은 마음속의 도덕법칙을 의미한다. 양심에 따라 행동하는 게 가장 중요한 일이라고 공자는 말한다.

이 문장을 통해서 우리는 공자가 항상 당당했던 이유를 이해해 볼 수 있다. 공자는 뇌물을 사용해 환심을 사려 하지 않고, 자신이 해야 할 일을 해나가는 사람이었다. 상대방이 관직을 주려 하면 남아서 관직을 맡았고, 떠나기를 원하면 아무 말 없이 여러 나라를 돌아다니며 자신이 하고 싶은 일을 했다. 공자가 항상 의연하고 당당할 수 있었던 이유다.

우리는 미디어를 통해 뒷거래로 일을 해결하려다 일을 망치는 경우를 종종 보게 된다. 하지만 모든 일을 빠르고 좋은 결과만을 위해 이런 식으로 처리하면 공자가 말했던 "하늘에 죄를 얻어서 빌 곳이 없어지는 결과"를 가져온다. 자신의 실력이 아닌 재력으로 원하는 바를 얻으려 했다면 아무리 좋은 결과를 얻는다 해도 소용이 없다.

어떤 일이든 아주 낮은 자리에서부터 시작하더라도 열심히 일해 자신의 가능성을 스스로 증명해야 한다. 하늘의 이치에 부합하기 위해서는 부당한 방법을 사용하지 말고 오로지 스스로 노력하고 배워서 발전해야 한다.

애이불상 哀而不傷

순수히 즐거워하고
진솔하게 슬퍼하라

———— ◆ ————

공자가 말하길 "〈관저〉는 즐거우면서 지나치지 않고,
슬프면서 상하지 않는다."
子曰 "〈關雎〉, 樂而不淫, 哀而不傷."
자왈 "〈관저〉, 락이불음, 애이불상."

공자의 문예관을 말해주는 문장이다. 『시경』에서 맨 처음 나오
는 작품인 〈관저〉의 일부분을 다시 소개한다.

꾸룩꾸룩 우는 징경이 강가 모래톱에 있구나.
정숙하고 아름다운 아가씨는 군자의 좋은 배필이다.
關關雎鳩, 在河之洲.

窈窕淑女, 君子好逑.

이 문장에서 공자가 말한 〈관저〉가 『시경』 전체를 지칭하는 것이라는 주장도 있다. 공자가 말한 것이 〈관저〉인지, 『시경』인지는 중요하지 않다. "즐거우면서 지나치지 않고 슬프면서도 상하지 않는다"는 내용에 집중해보자.

문장의 첫 부분 "즐거우면서 지나치지 않다"에서 '지나치다'로 해석한 '음淫'은 넘친다는 의미가 있다. 그러니 『시경』에서 묘사한 즐거운 감정은 넘치지 않을 정도로 절제되어 있어 지나치게 빠지지 않게 해준다는 뜻이다.

"슬프면서 상하지 않는다"는 것은 『시경』을 읽고 슬퍼할 수는 있지만 상하지는 않는다는 의미이다. 주희는 『논어집주論語集註』에서 "슬픔이 지나쳐 조화를 해치는 것哀之過而害於和"을 '상傷'이라고 설명했다. "즐거우면서 지나치지 않고, 슬프면서도 상하지 않는다"는 공자의 말은 그의 문예관을 표현한 것이다. 좋은 문예 작품은 마땅히 즐거우면서 지나치지 않고, 슬프면서도 상하지 않아야 한다. 그런데 공자는 자신이 주장했던 문예관을 지키지는 못했다. 공자도 사람인 것이다.

공자가 제나라에 있을 때의 일이다. 공자가 〈소〉를 듣고는 3개월 동안 고기 맛을 몰랐다在齊聞〈韶〉, 三月不知肉味"는 일화가 있다. 문장의 뜻은 이렇다. 공자가 제나라에 있을 때 우연히 〈소〉라는 음악을 듣게 되었다. 그런데 공자는 그 음악에 흠뻑 빠져들어 무려 3개월 동안 맛있는 고기를 먹어도 그 맛을 느끼지 못할 정도였다. 공자는 고기를 굉장히 좋아해 고기가 빠진 식사를 좋아하지 않았다. 그런 사람이 고기를 먹어도 맛을 느끼지 못할 정도로 음악에 깊이 빠져들었던 것이다. 그것도 3개월 동안이나 탐닉했다니, 이런 모습은 즐거움의 정도가 지나쳐도 한참 지나쳤던, 스스로 한 말을 지키지 못했던 태도다.

또 다른 예도 있다. 공자는 가장 아꼈던 제자 안회가 세상을 떠났을 때 '울다가 통곡哭之慟'에 이를 정도로 무척이나 슬퍼했다. 큰 소리로 통곡하는 공자를 본 누군가가 그에게 물었다. "이렇게 우는 건 지나친 게 아닙니까?" 그러자 공자는 이렇게 대답했다.

"이 사람을 위해 슬퍼하지 않는다면, 누굴 위해 슬퍼할 수 있겠느냐?"

공자는 음악을 좋아하는 모습을 숨기지 않았고, 안회가 세상을 떠난 슬픔을 억제하려 하지도 않았다. 공자는 자신의 기쁨과 슬픔을 참지 못하고 물이 범람하듯이 분출하는 사람이었다. 다시 말해, "즐거우면서 지나치지 않고 슬프면서도 상하지 않게" 행동하지 않았던 것이다.

다르게 보는 해석도 있다. 논어를 가르치는 한 교수는 공자의 기쁨과 슬픔이 본심에서 나온 것이라 한다. 여기서 중요한 것은 본심이다. 본심에서 나왔으니 즐거우면서 지나치지 않고, 슬프면서도 상하지 않는다는 것이다. 여기서 '즐거움이 지나치다'는 것은 억지로 즐거운 척하는 태도를 말한다. 예를 들어서 연극배우들이 억지로 관객을 웃게 만들거나, 방송 토크쇼에 초대된 사람이 시청자의 이목을 끌려고 과장된 이야기를 하거나, 프로그램 PD가 빈약한 내용의 콘텐츠를 고의로 편집해 시청자의 감정을 자극하고, 신문사 주필이 감언이설로 감상적인 여론을 조성하는 것 등을 말한다.

감정의 본심이 표출되는 것은 나무랄 일이 아니다. 공자는 본심에 따라 즐거울 때 진심으로 즐거워하고, 슬플 때는 진솔하게 슬퍼하며 눈물도 흘렸다. 우리가 내면의 감정을 편안하게 다스린다면 고통도 자연스럽게 드러내고 해소할 수 있게 된다. 안회가 세상을 떠나는 것을 본 공자는 무척이나 애통해했지만, 진솔하게 슬퍼한 이후에는 자신의 본분으로 다시 돌아갔다. 가장 아끼던 제자가 세상을 떠난 뒤에도 공자가 자신이 해야 할 일들을 적극적으로 다시 할 수 있었던 이유는 슬픈 본심을 표출했기 때문에 가능했던 것이다.

족, 즉오능징지의足, 則吾能徵之矣

전수하고 지켜야 할
예禮와 악樂

———— ◆ ————

공자가 말하길 "하나라 예를 내가 말할 수 있지만 기나
라에서 증명하기에는 부족하고, 은나라 예를 내가 말
할 수 있지만 송나라에서 증명하기에는 부족하다. 문
헌이 부족하기 때문이다. 충분하다면 내가 증명해낼
수 있을 것이다."

子曰 "夏禮, 吾能言之, 杞不足徵也. 殷禮, 吾能言之, 宋不
足徵也. 文獻不足故也. 足, 則吾能徵之矣."

자왈 "하례, 오능언지, 기부족징야. 은례, 오능언지, 송
부족징야. 문헌부족고야. 족, 즉오능징지의."

춘추시대가 시작된 주나라 말기부터 백성들의 삶은 이미 혼란
에 빠져들기 시작했다. 이 시기에 태어난 공자는 많은 학식 덕분

에 이전 시대의 역사와 예에 대한 질문을 많이 받았을 것이다. "하나라 예를 내가 말할 수 있다"는 말은 이런 시대적 상황에서 나온 공자의 말이다.

옛말에 "멸망한 나라를 일으켜주고, 끊어진 대를 이어줘야 한다興滅國, 繼絶世"고 했다. 예를 들어 은나라는 하나라를 정복한 후 하나라의 지배계급을 모두 죽이지 않았다. 한 나라를 정복한 국가의 통치자가 정복한 나라의 귀족들이 계속 살아갈 수 있는 터전을 마련해준 것이다.

'증명徵'은 증거가 부족하면 입증할 수 없다. 증명을 또 다른 표현으로 '재현'이라 할 수 있다. 따라서 위 문장에서 "기나라에서 증명하기에는 부족하고"라는 말은 기나라의 풍속이 사람들이 알고 있는 하나라의 풍속과 굉장히 많이 달랐다고 해석할 수 있다. 하나라의 남은 귀족들이 그들의 풍속을 은나라에 계승하지 못했기 때문이다.

다음 문장인 "은나라 예를 내가 말할 수 있다"는 말을 이해하기 위해서는 시대적 배경을 알아야 한다. 주나라 무왕은 은나라를 정복한 뒤 은나라의 귀족들을 송나라에서 살게 했다. 공자의 조상도 송나라 귀족의 후예였다. 『논어』를 이해하는 데도 많은 도움이 되는 『공자전』에 따르면 공자의 조상도 송나라 귀족의 후예였다.

"송나라에서 증명하기에는 부족하다"는 것은 송나라에서 은나라의 예가 어떠했는지 증명하기 부족했다는 뜻이다. 공자는 그 이유를 "문헌이 부족하기 때문"이라고 말했다.

지금도 많이 사용하는 단어 '문헌文獻'은 무엇을 뜻하는 걸까? '문'은 역사 서적이나 과거의 문장을 말하는 것이고, '헌'은 대대로 전수된 구술과 기억을 말한다. 때문에 공자의 말은 알고 있는 사람이나 기록된 자료가 부족해 증명할 수 없다는 말이 된다. 만약 자료와 사람들의 구술이 있었다면 하나라와 은나라의 예식을 정리하고 재현해낼 수 있었을 것이다.

이 문장에는 어떤 깊은 뜻이 숨겨져 있는 걸까? 나는 공자가 당시 예악이 붕괴한 상황을 탄식하며 한 말이라고 생각한다. 공자는 자신의 시대에 과거의 예가 계승되지 못하고 있다고 생각했다. 하나라의 예를 기나라에서 볼 수 없고, 은나라의 예를 송나라에서 볼 수 없었기 때문이다. 공자는 이렇게 예가 단절된 상황에 대해 어쩔 수 없는 무력감을 느꼈을 것이다.

악기가지야樂其可知也

음악 평론가이자 연주자였던 공자의 음악사랑

───◆───

> 공자가 노나라 태사에게 음악에 대해 말하기를 "음악은 알 수 있는 것입니다. 처음 시작할 때 합해지고 이어 질 때는 순수하고 또렷하게 지속되다가 끝납니다."
>
> 子語魯大師樂, 曰 "樂其可知也. 始作, 翕如也; 從之, 純如 也, 皦如也, 繹如也, 以成."
>
> 자어로태사악, 왈 "악기가지야. 시작, 흡여야; 종지, 순 여야, 교여야, 역여야, 이성."

노나라 '태사'는 나라에서 음악을 담당하는 관리이다. 이 문장 은 음악에 대한 공자와 태사의 대화이다.

음악 감상을 즐겼던 공자는 악기 연주를 즐겼다. 특히 공자는 거문고 타는 것을 좋아했다. 거문고 소리를 듣고 연주자의 감정을 알아차릴 정도였으니 공자의 음악적 감수성은 매우 뛰어났다고 할 수 있다. 음악 애호가이자 수준도 높았던 공자가 "음악은 알 수 있는 것입니다"라고 말했다. 공자는 음악을 어떻게 이해했을까?

공자가 "처음 시작할 때 합해지고"라고 말한 것은 첫 악장에서 전주와 서곡 부분의 소리가 너무 커서는 안 된다는 것을 뜻한다. 소리의 크기뿐만 아니다. 음악의 첫 부분에서는 악기도 한꺼번에 연주하지 말고 신중하고 절제된 선율로 함축적으로 표현하며, 음악의 주제도 너무 명확하게 드러낼 필요가 없다는 의미이다. 예를 들어 차이코프스키의 〈백조의 호수Swan Lake〉를 떠올려보자. 가볍고 느린 연주로 관중의 귀를 사로잡는다. 이것이 바로 공자가 말한 "처음 시작할 때 합해지고"라는 분위기로 연주하는 것을 말한다.

이어서 "이어질 때는 순수하고"라는 부분은 2악장에 이르러 주제가 점차 명확하고 분명해지게 연주해야 한다는 뜻이다. 2악장에서는 아름답고 조화로운 주선율이 점차 드러나게 된다. 다음으로 "또렷하게"에서 '교皦'는 새하얀 달빛을 형상화한 글자이다. 즉, 환한 달빛처럼 격양되고 고조되어 소리가 갈수록 커지면서 리듬에 힘이 실리는 것을 말한다. 마지막으로 "지속된다"는 것은 연주 소리가 하나로 합해져 막힘없이 이어지고, 연주가 끝난 뒤에는

나는 불안할 때 논어를 읽는다

가늘게 여음을 남기는 것을 말한다.

공자의 말은 고대 음악의 구성에 대한 이야기이다. 고대 음악은 처음에는 간단하고 부드러운 리듬과 가락으로 시작해 점점 여러 악기의 소리가 등장하면서 주선율이 명확해진다. 이후 리듬과 소리가 격정적이고 빨라지면서 모든 악기의 연주들이 하나로 합해져 강렬한 기세로 청중의 감정을 자극했다.

서양 음악도 비슷한 패턴이 있다. 모차르트Wolfgang Amadeus Mozart의 〈터키 행진곡Alla Turca〉을 들어본다면 중국 고대 음악의 흐름과 비슷하다는 점을 발견할 수 있다. 인간의 예술관과 심미관은 본질은 다 비슷한 것이기에 동양과 서양의 고전 음악들은 비슷한 점이 많다.

이 문장은 음악에 대한 공자의 세밀한 감상이 잘 드러나 있지만 인용되는 경우가 거의 없다. 그래서 사람들은 이 문장을 생소하게 느끼는 경우가 많다. 어쩌면 당연한 일일 수도 있다. 현대의 대중음악은 유행의 속도가 빠르고 장르도 갈수록 다양해지고 있기 때문이다. 그리고 소수의 사람만이 고전 음악을 즐기고 있기에 공자의 말이 많이 인용되지 않았던 것 같다. 우연한 기회에 고전 음악을 감상하게 되면 한번쯤 공자의 말을 떠올려 보자.

진선진미 盡善盡美

음악을 빗대어
군왕을 비평한 공자의 평론

◆

공자가 〈소〉에 대해 말하길 "아름다움을 다하였고, 선함
을 다하였다."
〈무〉에 대해서 말하길 "아름다움을 다하였지만, 선함은
다하지 못했다."
子謂 〈韶〉 "盡美矣, 又盡善也."
謂 〈武〉 "盡美矣, 未盡善也."
자위〈소〉 "진미의, 우진선야."
위〈무〉 "진미의, 미진선야."

공자가 말한 '소韶'는 성인으로 추앙받고 있는 순舜임금을 찬미
하는 음악이다. 앞에서 언급했던 "제나라에서 〈소〉를 듣고는 3개
월 동안 고기 맛을 몰랐다"고 말했던 음악이다.

순의 사람됨을 알고 왕위를 물려 준 요^堯임금의 시대에는 선양^禪^讓 제도가 실행되었다. 선양 제도는 아무런 혈연관계가 없는 사람에게 왕위를 물려주는 개념이다. 당시에는 아들이 아버지의 일을 계승한다는 개념이 없었기에 왕위도 아들에게 물려주지 않았다. '요순시대'는 '부락연맹'의 시대였다. 왕과 같은 권위를 지닌 부락의 수장이었지만 백성과 신하들로부터 극진한 대접을 받지는 못했다. 부락민의 생존을 위해 해결하기 어려운 일들을 맡아 처리해야 하기 때문에 웬만한 사람들은 수장이 될 생각조차 하지 않았다.

그렇다면 요임금은 왜 순을 왕위 계승자로 선택했던 것일까? 순은 인품이 선했다. 그가 가는 곳이면 어디든 사람들의 삶이 더 나아진다는 소문이 돌았다. 이에 요임금은 딸 아황^{娥皇}과 여영^{女英}을 순에게 시집을 보내고, 아들과 신하들을 순과 가까이 지내게 했다. 소문처럼 순의 사람됨이 훌륭한지 시험해보기 위함이었다. 순은 임금의 딸을 얻고서도 사람됨이 바뀌지 않았다. 요임금은 내면과 외면이 모두 훌륭하고, 능력과 덕성까지 겸비했던 순에게 천하를 선양해줬다.

순임금을 존경했던 공자는 그를 칭송한 노래도 좋아했다. 공자는 〈소〉에 대해 이렇게 말했다. "아름다움을 다하였고 선함을 다하였다." 여기서 '아름다움'은 곡조를 말하고, '선함'은 가사를 말하는 것으로 내용을 뜻한다. 그러니 듣기에도 좋고, 내용도 좋다는 것을 "아름다움을 다하였고 선함을 다하였다"고 말한 것이다.

〈무〉는 주나라 무왕의 음악이다. 공자는 〈무〉에 대해 이렇게 말했다. "아름다움을 다하였지만, 선함은 다하지 못했다." 즉, 곡조는 좋지만, 가사인 내용이 완벽하지 못하다는 의미이다. 공자가 주나라 무왕의 음악을 낮게 평가한 이유가 뭘까? 무왕이 은나라 주왕을 죽이고 왕위를 찬탈한 인물이기 때문이다. 이에 대해 맹자도 한마디 했다. "주란 사람을 죽였다는 말은 들었어도, 군왕을 시해했다는 말은 듣지 못했다聞誅一夫紂矣, 未聞弑君也." 풀이한다면, 맹자는 반란이 있었다는 말은 들어보지 못했고, 포악한 폭군을 죽였다는 말만 들었다고 말한 것이다.

맹자는 민본주의의 특징을 이렇게 설명했다.

"백성이 귀하고, 사직은 다음이며, 군왕은 가볍다民爲貴, 社稷次之, 君爲輕."

역사에 기록된 맹자를 가장 싫어한 군왕은 명나라 태조 주원장朱元璋을 들 수 있다. 주원장은 맹자의 책을 읽고 난 후 그가 80여 세까지 산 것을 의아해했다. 주원장은 자신의 시대에 맹자가 살았다면 그가 여덟 번은 죽었을 것이라 말할 정도였다. 황제라도 폭군이라면 인정하지 않았던 맹자의 강한 심성 때문이다. 그래서 일

나는 불안할 때 논어를 읽는다

부 학자들은 온건한 성향의 공자가 맹자처럼 직설적으로 비판한 것이 아니라, 음악에 대한 평가를 통해서 주나라 무왕을 비난했던 것이라고 주장한다. 물론 이런 해석이 맞는지는 알 수 없다. 우리가 확실히 알 수 있는 것은 공자가 〈무〉라는 음악을 곡조와 형식은 괜찮지만, 가사인 내용은 완벽하지 않다고 평가했고, 〈소〉라는 음악은 노래와 가사 모두 완벽하다고 평가했다는 점이다.

천장이부자위목탁 天將以夫子爲木鐸

'온, 량, 공, 검, 양'으로 무장한
공자의 인기

───── ◆ ─────

의 지역 봉인이 뵙기를 청하며 말하길 "군자가 이곳에 왔
을 때 이제껏 내가 만나지 않은 적이 없었다."
그러자 종자가 만나게 해주었다.
봉인이 나와서 말하길 "그대들은 어찌 잃을 것을 걱정
하시오? 천하에 도가 없어진 지 오래되었으니 하늘이
부자를 목탁으로 삼으실 것입니다."
儀封人請見, 曰 "君子之至於斯也, 吾未嘗不得見也." 從者
見之.
出, 曰 "二三子何患於喪乎? 天下之無道也久矣, 天將以夫
子爲木鐸."
의봉인청견, 왈 "군자지지어사야, 오미상부득견야." 종
자현지.
출, 왈 "이삼자하환어상호? 천하지무도야구의, 천장이
부자위목탁."

이번 이야기는 공자의 유명세에 얽힌 대화를 다루고 있다.

위나라 변방에 있는 '의儀'라는 작은 도시에 공자가 도착하자, 그의 명성을 알고 있는 현지인 관리가 찾아와 만남을 청했다. 하지만 공자의 수행원은 공자가 바쁘다는 핑계를 대며 그의 요구를 들어주지 않았다. 그러자 관리가 말했다. "군자가 이곳에 왔을 때 이제껏 내가 만나지 않은 적이 없었다." 비록 '의'라는 도시가 작은 규모이고, 자신의 관직도 높지 않지만, 이곳을 책임지는 관리인만큼 군자인 공자를 만나보겠다는 것이다. 처음에 공자와의 만남을 거절당한 관리는 불쾌했을 것이다.

이와 관련된 속담이 있다. "강한 용도 그 지역 뱀을 이기지 못한다!" 쉽게 말해 제아무리 강한 사람이라도 텃세를 부리는 현지인의 위세를 감당하기 어렵다는 이야기이다. 관리는 제아무리 유명한 군자라도 자신의 요구를 들어주지 않으면 곤란한 일을 당할 것이라고 경고했던 것이다. 이를 알아차린 수행원은 그제야 공자와의 만남을 주선했다.

사람 사이에 친밀감이 없을 때 권력을 가진 자는 무의식적으로 자신의 지위를 이용해 인간관계를 맺으려 한다. 관리가 "군자가 이곳에 왔을 때 이제껏 내가 만나지 않은 적이 없었다"라고 위협적인 어조로 말한 것도 오랫동안 관리 생활을 하면서 몸에 익숙해진 권위적인 태도의 일환이다. 관리와 공자의 만남에 대한 구체적인 이야기는 전해지지 않고 있다. 다만 공자를 만난 이후 관리의 태도는 달라졌다고 한다. 제아무리 텃세를 부려본들 공자를 감당하기는 어려웠을 것이다. 이 부분에서 특히 주목하는 점은 공자의 몇 마디 말이 한 사람을 바꿔놓았다는 점이다.

공자와의 만남 이후 관리가 말한 문장을 살펴보자. 관리의 말투가 달라졌다. "그대들은 어찌 잃을 것을 걱정하시오"라는 문장에서 '그대들'로 해석한 '이삼자二三子'는 '여러분'이라는 의미를 지니고 있다.

다음 구절의 "하늘이 부자를 목탁으로 삼으실 것입니다"라는 말에서 '목탁'에 대해 알아보자. 베이징 사범대학의 휘장에는 중국 고대 시대서부터 전해 내려오는 "목탁금성木鐸金聲"이라는 글귀가 적혀 있다. 목탁은 쇠로 만든 방울 속에 들어 있는, 나무로 만든 혀를 뜻한다. 나무 혀가 안에서 부딪쳐 나는 소리로 글 수업의 시작을 알렸다는 것이 "목탁"이다. 그리고 금속으로 만든 혀가 부딪쳐 '댕댕댕' 울리면 무예 겨루기를 시작했다는 것이 "금성"이다. 즉, "목탁금성"은 '나무를 두드려 글을 가르치고, 쇠를 부딪쳐 무예를 가르쳤다'는 이야기이다.

관리의 말을 다시 살펴보자. "하늘이 부자를 목탁으로 삼으실 것입니다"라는 말은 하늘이 공자를 자신의 혀로 삼아 도를 알리게 하고, 천하에 지식과 예식을 전수하게 할 것이라는 뜻이 된다. 관리는 공자의 제자들에게 스승인 공자가 하는 일은 도가 사라진 천하에 도를 세우는 일이니 초조해하거나 낙심할 것 없다고 말했다. 풀어서 설명하자면 이런 이야기였을 것이다.

'여러분은 뭘 걱정하고 있는 겁니까? 관직을 얻지 못하고 이곳 저곳 떠도는 걸 잘못된 일이라 생각하지 마십시오. 걱정할 필요가 없습니다. 천하가 혼란에 빠진 지 오래되었으니 하늘이 장차 공자를 자신의 혀로 삼아 도를 알게 하고, 천하에 지와 예를 전수하게 할 것입니다.'

이 문장을 통해서 우리는 관리가 공자에게 감화되었다는 걸 알수 있다. 비록 변방 지방의 작은 관리에 불과했던 그는 세속적인 방법으로 도시를 관리했지만, 내면은 여전히 도와 어짊, 그리고 의로움을 동경하고 있었던 셈이다. 공자는 몇 마디 말로 그 관리의 마음속에 숨어 있었던 어짊과 의로움을 깨어나게 한 것이다.

이 문장을 읽으면 멋진 장면이 머릿속에 펼쳐진다. 명성을 떨치고 있던 공자는 어디를 가든지 사람들의 주목을 끌었다. SNS나 블로그와 같은 인터넷 매체나 미디어도 없던 시절에 공자의 유명

제3편 팔일(八佾): 마음이 불안할 때 되돌아보는 예법, 그리고 음악

세는 구전될 수밖에 없었을 텐데 누구나 공자의 군자다움을 알아
차렸다니 놀라울 따름이다.

작가 '에딜 루트비히'의 『나폴레옹Napoleon』을 보면 대중 미디어
가 없던 시절, 소문이 퍼지는 과정을 이해할 수 있다. 나폴레옹은
선전 선동에 유능했다. 그는 인류 역사상 처음으로 신문관이라는
직책을 만들었다. 이탈리아 군대를 만나 소규모 전투를 치렀던 나
폴레옹은 "한차례 싸웠다"라고 설명하지 않고 "한차례 전쟁을 치
렀다"라고 묘사했다. 그리고 큰 전투를 치르면 그 순간이 마치 역
사적인 사건이었던 것처럼 이야기했다. 이렇게 과장된 정보가 파
리에 전해지면 파리 시민들은 흥분하며 나폴레옹을 신처럼 생각
했다. 물론 공자는 나폴레옹처럼 과장되게 자신의 행적을 알리지
않았다. 공자의 명성은 '온, 량, 공, 검, 양'으로 얻은 것이었으니
과장은 그저 사치에 불과하다.

매사문(每事問)

모르는 것을 모른다고 말하는 것, 이것이 예이다

———— ◆ ————

공자가 태묘에 들어가 모든 일을 물었다.

누군가가 말하길 "추 지역 사람의 아들이 예를 안다고 누가 말했는가? 태묘에 들어가 매사 묻기만 한다!"

공자가 듣고는 말하길 "이것이 예이다!"

子入太廟, 每事問.

或曰 "孰謂鄹人之子知禮乎? 入太廟, 每事問!"

子聞之, 曰 "是禮也!"

자입태묘, 매사문.

혹왈 "숙위추인지자지례호? 입태묘, 매사문!"

자문지, 왈 "시례야!"

제3편 팔일(八佾) : 마음이 불안할 때 되돌아보는 예법, 그리고 음악

아주 재미있는 이야기이다.

태묘는 군주의 조상을 모신 사당이다. 노나라는 주나라 무왕이 은나라 주왕紂王을 재패한 뒤 토지를 분봉할 때 주공에게 주었던 땅이었다. 그러니 노나라의 태묘는 주공의 사당이라 할 수 있다.

"공자가 태묘에 들어가 모든 일을 물었다"는 것은 공자가 태묘에 들어가서 '이건 뭐라 부르냐? 저건 뭐라 부르냐? 이 일은 어떻게 처리하냐? 저 일을 어떻게 처리하냐?'하고 사사건건 물었다는 뜻이다. 그러자 그 모습을 지켜보던 누군가가 뒤에서 "사람들이 추 지역 사람의 아들이 예를 안다고 말한 이유가 뭐지?"라고 구시렁댔다. 공자의 아버지는 추 지역의 문신관을 한 적이 있어 당시 사람들은 공자의 아버지를 '추 지역 사람'이라고 불렀다. 그러니 '추 지역 사람의 아들'이라는 건 공자를 지칭하는 말이다. 당시 사람들은 대부분 공자의 존재를 알았고 그가 예를 안다고 생각했다.

공자는 알다시피 "나는 열다섯 살에 학문에 뜻을 두었고, 서른 살에 자립했다"라고 말했다. 우리는 이 말을 통해 공자의 됨됨이를 추측해볼 수 있다. 공자는 아마도 서른을 넘긴 나이로 정치에 입문해 당시 어느 정도 명성을 가진 상태였을 것이다. 그렇지 않다면 '추 지역의 아들'이라는 호칭으로 공자를 부르지 않았을 테니 말이다. 공자는 당시 꽤 유명해서 사람들이 그의 출신과 신분

나는 불안할 때 논어를 읽는다

을 알고 있었다. 그런데 태묘에 들어간 공자가 아무것도 모르는 사람처럼 사사건건 질문하는 모습이 신기해 누군가가 의문을 제기한 것이다.

공자가 정말로 아무것도 몰랐을 수도 있다. 공자는 난생처음 태묘에 들어갔던 것이다. 책으로 숙지했다고 해도 실제 상황을 모두 파악하고 있기는 어렵다. 가령 아테네 신전 설명서에는 신전의 건축, 장식품, 제단, 촛불 등을 비롯해 신전의 기둥이 어떻게 만들어졌고, 신상의 크기가 어느 정도인지, 어떤 재료를 사용했는지 등 모든 세세한 부분이 설명되어 있다. 하지만 설명서를 숙지한 뒤 아테네 신전에 들어간다고 해서 모든 걸 이해할 수 있을까? 아마도 분명 '이게 내가 책에서 읽었던 내용이 맞나?'라고 생각하며 우두커니 서서 생각에 잠길 것이다.

이론과 실제를 비교하는 아주 재미있는 실험 이야기가 있다. '마리'라는 이름의 여자는 어렸을 때부터 흑백의 색으로만 꾸며진 방에서 살았다. 벽면, 바닥, 책상, 커튼까지 모두 흑백이었다. 물론 마리가 색에 대해서 모르는 것은 아니었다. 마리는 색깔을 책을 통해서만 알고 있었다. 붉은색이 무엇이고 붉은색이 어떤 감정을 불러오는지, 파란색은 무엇이고 초록색은 무엇인지…. 하지만 마리는 직접 이 색들을 본 적은 없었다.

13살 되었을 때 마리는 방에서 나와 처음으로 초록색을 보았다. 마리는 과연 초록색을 알아보았을까? 초록색에 대한 감정을 느낄 수 있었을까? 처음에 그녀는 아무 말도 할 수 없었다. 마리는 이미 책에서 초록색과 관련된 모든 지식을 배웠음에도 그것이 진짜 초록색인지 확신할 수 없었다. 그리고 그녀는 한참 동안 초록색을 바라보다가 흥분과 놀람이 가득한 목소리로 물었다.

"이게 정말 초록색인가요?" 오랜 시간 머릿속에서 상상만 해왔던 걸 현실에서 보게 되자 의문이 들었던 것이다.

공자도 마찬가지였을 것이다. 추 지역에서 온 청년인 공자는 처음 태묘에 들어가자 모든 일이 새롭고 낯설어 세세한 부분까지 전부 확인하고 싶었다. 태묘에서 책에서 읽은 내용이 사실인지를 확인하고, 책에서 읽은 지식을 검증할 수 있게 되었다는 사실에 공자는 무척이나 흥분했을 것이다.

사람들은 질문을 꺼려한다. 모든 걸 알기 때문에 묻지 않는 게 아니다. 다른 사람에게 모르는 걸 들키고 싶지 않아서 몰라도 아는 척하며 묻지 않는 것이다. 직장에서도 이런 태도를 가진 사람들이 많다. 하지만 창피당하는 게 싫어서 몰라도 묻지 않으면 결국엔 크게 실수하게 된다. 공자는 "안다는 걸 안다고 말하고, 모르는 걸 모른다"고 말하는 것이 '예禮'라고 생각했다. 더욱이 예식과 관련된 일은 절대 틀려서는 안 된다고 생각했기에 모르는 것은 물어봐야 한다고 생각했다. 그래서 공자는 예식에 약간이라도 의문이 생기면 질문을 하고 답변을 알아내 제대로 이해하려고 했던 것 같다.

공자가 태묘에 들어가 질문을 많이 했던 이유에 대해 다르게 생각해볼 수도 있다. 공자는 사실 모든 것을 알고 있었다는 것이다. 그렇다면 어째서 그렇게 많은 질문을 했을까? 공자의 질문은 답변을 위한 것이 아니라 존경을 표현했던 것이다. 예를 들어 우리가 다른 사람의 집을 방문했을 때 집주인이 자신의 소장품을 보여준다고 해보자. 설사 자신이 더 좋은 소장품을 가지고 있다고 하더라도 '우리 집에 소장품이 더 많다'든가 '진짜인지 가짜인지 봐주겠다'라고 말해서는 안 된다. 다른 사람의 집에 방문했을 때는 항상 호기심을 유지하며 상대방을 인정해주어야 한다. 바로 이런 자세로 질문하는 것이 예의 표현이라 할 수 있다.

공자가 태묘에 대해 알았는지 몰랐는지는 중요하지 않다. 어떤 경우이건 상관없이 태묘에 들어가 모든 일에 대해 질문을 한 것은 존중과 겸손을 의미하기 때문이다. 이 문장을 통해 우리는 한 가지 교훈을 얻을 수 있다. '새로운 곳에 가서 질문하지 않고 아는 척 하다가 실수하는 것이 가장 큰 실수'라는 것이다.

공자는 자로에게 "아는 걸 안다고 말하고, 모르는 걸 모른다고 말하는 게 아는 것이다"라고 말했다. 직설적이고 괄괄한 성격의 자로는 다른 사람과 논쟁하는 걸 좋아하고, 큰소리를 치며 모르는 것도 아는 척하다가 실수하는 일이 잦았을 것이다.

모르는 것을 물었을 때 다른 사람이 그것도 모르냐며 놀리더라도 "이것이 예입니다"라고 말해줄 수 있는 진중함이 필요하다. 이런 말을 할 수 있다는 것은 모르는 걸 질책한 사람보다 더 높은 경지에 있다는 의미이기 때문이다.

사부주피 射不主皮

원시성이 사라진 스포츠를 통해 예절을 배우다

◆

공자가 말하길 "활을 쏠 때 가죽 뚫는 걸 주로 하지 않는 건 힘이 다르기 때문이다. 이것이 옛날의 도이다."
子曰 "射不主皮, 爲力不同科, 古之道也."
자왈 "사부주피, 위력부동과, 고지도야."

이 문장도 활쏘기와 관련이 있다. 이전 문장에서 공자는 "군자는 경쟁하지 않지만, 반드시 활쏘기에서는 경쟁한다. 읍하고 올라가서 내려와 술을 마시니 그 경쟁은 군자답다."라고 말하며 활쏘기의 예식을 빌려 군자다운 경쟁이 무엇인지 설명한 바 있다.

공자는 단순한 문인이 아니었다. '육예'인 예절, 음악, 궁술, 승마, 글쓰기, 수학에도 정통했던 사람이다. 여기서 궁술은 활쏘기를 말하는데, 힘이 센 공자는 활쏘기를 무척 좋아했다고 한다.

공자는 자신의 어린 시절을 다음과 같이 설명했다. "어렸을 때 천하게 살아서 비천한 일 중에 잘하는 게 많다少也賤, 故多能鄙事." 공자의 집안은 범상치 않았다. 귀족의 가문이었지만, 완전히 몰락해 경제적으로 어려웠던 공자는 잡일을 하며 돈을 벌어야 했다. 다재다능했던 공자가 활쏘기를 즐겼던 이유 중의 하나는 여유롭지 못했던 집안 사정 때문이었던 것이다.

공자의 문장을 살펴보자. "활을 쏠 때 가죽 뚫는 걸 주로 하지 않는 건 힘이 다르기 때문이다. 이것이 옛날의 도이다"에서 '가죽 (皮)'은 가죽으로 만든 과녁을 말한다. 그러니 이 문장을 쉽게 풀이하면 다음과 같다. '활쏘기 시합을 할 때 누가 과녁을 뚫는지는 중요하지 않다. 사람마다 가진 힘이 다르기 때문이다. 이것이 예로부터 내려오는 도리이다.'

활쏘기 시합은 활을 쏴서 사람을 죽이는 인명 살상 기술을 경쟁하는 것이 아니다. 활쏘기는 일종의 예법을 몸에 익히는 의식이라 할 수 있다. 하지만 문명 이전의 원시 사회에서 활쏘기는 수렵을 위한 단순한 기술일 뿐이었다. 사냥할 때 활시위를 떠난 화살이 맹수를 관통하지 않는다면 사냥꾼이 위험할 수밖에 없다. 당연히 이런 상황에서는 활시위를 당기는 힘이 중요했다. 하지만 문명

나는 불안할 때 논어를 읽는다

사회로 진입하면서 활쏘기는 사냥 이상의 의미를 갖게 됐다. 먹잇감을 사냥하기 위한 기술에서 우아한 여가 활동으로 변모한 것이다. 오늘날의 스포츠 경기에는 과거의 사냥 활동이 발전해서 기량을 뽐내는 종목들로 변한 것들이 많다.

나는 축구광이 아니지만 『데즈먼드 모리스의 축구 종족The Soccer Tribe』이란 책을 굉장히 재미있게 읽은 적이 있다. 저자인 데즈먼드 모리스Desmond Morris는 사회학, 동물학, 인류학 등 다양한 접근 방식으로 현대인들이 축구 경기에 열광하는 이유를 열거했다. 그가 도출한 결론은 축구가 원시 수렵 활동과 가장 비슷한 운동이기 때문에 현대인들도 원시적인 본능으로 축구에 빠져든다는 것이다.

축구뿐만 아니라 다른 스포츠 종목들도 원시 활동에서 비롯된 경기들이 많다. 생존을 위해 하던 활동들이 더 이상 필요 없어진 현대인들은 잔인하고 위험한 요소들을 제거하고, 우아하고 기교적이고 감상적인 부분들을 특화시켜 스포츠 경기로 변형시켰다. 다이빙, 골프, 레이싱 등 많은 종목이 이렇게 탄생했다.

공자의 말은 이와 맥을 같이 한다. 활쏘기 경기는 사냥이나 살상의 성공을 다투는 것이 아니라 기술의 정교함을 겨루는 형태로 발전된 게임이다. 그리고 활쏘기 경기에 참여하는 참가자들의 예식을 추가하여 우아한 스포츠 경기로 거듭난 것이다.

농구 경기의 덩크슛은 화려한 볼거리를 제공한다. 하지만 경기의 승패는 그 화려한 퍼포먼스에 있는 것이 아니라 총득점에 따라 결정된다. 따라서 힘과 체력을 우선시하는 원시성보다는, 같은 팀 선수들의 종합적인 경기 수행 능력이 승패를 결정한다. 단순히 상대방을 제압하기 위해 물리력을 과도하게 사용하다 보면 경기 규칙을 어기게 되고, 패널티를 받아 팀 전체가 불리한 상황에 직면하게 된다.

활쏘기도 마찬가지다. 주어진 규칙을 지키며 상대방을 존중하며 기술의 정교함을 겨뤄야 한다. "가죽을 뚫는 걸 주로 하지 않는 건 힘이 다르기 때문"이라는 공자의 말은 이런 점을 지적한 것이다. 힘의 강함과 약함이 승패를 결정하지 않기 때문이다.

나는 불안할 때 논어를 읽는다

사군진례, 인이위첨 事君盡禮, 人以爲諂

예와 아첨은
근본이 다르다

---◆---

공지가 말하길 "군왕을 섬김에 예를 다하니 사람들이
아첨한다고 생각하는구나!"
子曰 "事君盡禮, 人以爲諂也!"
자왈 "사군진례, 인이위첨야!"

공자의 억울함이 담겨 있는 문장이다.

"군왕을 섬김에 예를 다하니 사람들이 아첨한다고 생각하는구
나!"라는 공자의 말은 '군왕을 섬길 때 모든 일을 예의와 격식에
따라 한 것을 다른 사람들이 아첨한다고 생각한다'라는 의미이다.
공자는 '군왕에게 아첨이 아닌 존경하는 마음을 가져야 한다'고
생각했다. 신하라면 반드시 갖춰야 할 덕목이 군왕에 대한 존경심

이라고 보았던 것이다.

나중에 다루게 될 『논어』 제10편 〈향당편鄕黨篇〉에서 공자는 사람을 대하는 태도를 논한다. 〈향당편〉을 읽게 되면 우리는 공자가 군왕 앞에서 어떻게 인사를 했는지, 어떻게 무릎을 꿇고 절을 했으며, 인사가 끝난 뒤에는 어떻게 물러났는지 등을 알게 된다. 이러한 세부적인 예법의 동작들이 일반 사람들이 보기에 지나치다는 생각이 들 수도 있기에, 사람들은 공자의 행동이 과장됐다고 여겼을 것이다. 공자는 군왕과 일반 사람을 대하는 방법이 다르다고 보았다. 군왕과 신하의 예는 반드시 지켜야 할 그 무엇이다.

대학교 캠퍼스를 걷다가 우연히 총장을 만났던 일화를 소개한다. 나는 총장을 보자마자 무의식적으로 피하려 했다. 하지만 대학 동기이자 '판덩독서'의 편집장인 무원우鶩雲五 선생은 총장에게 다가가 허리를 굽히며 "총장님, 안녕하십니까!"라고 인사를 했다. 그러자 총장이 화들짝 놀랐다. 당시의 대학 분위기는 총장이나 교수에게 공손히 허리를 굽혀 인사하는 학생을 만나보기 힘들었기 때문이다.

현대 사회에 들어 예를 무시하는 사람들이 많다. 고지식한 예를 따르는 것이 어떤 다른 목적이 있다고 보는 사람들도 있다. 그래서 무원우 선생이 한 행동은 총장에게 아첨하기 위한 행동으로 생

나는 불안할 때 논어를 읽는다

각하는 사람들이 분명 있었을 것이다. 하지만 무원우 선생은 진솔한 마음으로 총장에게 존경을 표시했던 것이다. 이는 공자가 "군왕을 섬김에 예를 다하니 사람들이 아첨한다고 생각하는구나"라고 말한 것과 같다. 군왕을 섬길 때 예를 다하며 해야 할 직분에 충실했다면, 다른 사람이 아첨한다고 생각하든 말든 상관없는 것이다.

유교의 예법은 어떤 시대에는 많은 사람에게 비난을 받았던 탓에 점차 도태되었다. 특히 전국시대의 유교의 영향력은 무척이나 작아졌다. 맹자도 강경한 태도로 지켜야 할 예법에 대해 논쟁을 하지 않는다면 유교는 사라질 것이라 걱정했다.

유교가 배척받은 주요 원인은 '군왕을 섬김에 예를 다하는 과정'이 너무 복잡하고 번잡스러우며 비용도 많이 들어, 많은 사람이 반대했기 때문이다. 하지만 우리는 이 문장을 통해서 예에 대한 유교의 초심을 깨닫게 된다. 지나치게 번거로운 예식에 대한 반발은 많았지만, 유교가 예식을 중요하게 생각한 이유를 생각해 보면 유교가 말하고자 하는 바를 알 수 있다. 예는 군주에게 아첨하기 위해서가 아니라 내면의 진실한 존경을 표현하기 위한 자연스러운 행동이었던 것이다.

군사신이례, 신사군이충 君使臣以禮, 臣事君以忠

합리적인 리더는 직원들에게 충성을 요구하지 않는다

———— ◆ ————

> 정공이 묻기를 "군왕이 신하를 부리고, 신하가 임금을 섬기는 걸 어떻게 해야 합니까?"
> 공자가 대답하길 "군왕은 예로써 신하를 부리고, 신하는 충으로써 군왕을 섬겨야 합니다."
> **定公問** "君使臣, 臣事君, 如之何?"
> **孔子對日** "君使臣以禮, 臣事君以忠."
> 정공문 "군사신, 신사군, 여지하?"
> 공자대왈 "군사신이례, 신사군이충."

노나라 정공定公이 재위하고 있을 때 공자는 관직에 있었다. 노나라 군주 정공이 물었다.

"군왕이 신하를 부리고, 신하가 임금을 섬기는 걸 어떻게 해야 합니까?" 이 구절에서 윗사람이 아랫사람을 대한다는 표현은 한자 '부리다使', 아랫사람이 윗사람을 대한다는 말은 한자 '섬기다事'를 사용했다. 이렇게 특정한 상황을 지칭하는 용도로 사용되는 한자들은 많다. 예를 들어서 '죽일 시弑'의 경우 '군왕을 시해하다君弑', '아버지를 죽이다父弑'와 같이 아랫사람이 윗사람을 죽일 때만 사용하지, 윗사람이 아랫사람을 죽일 때는 사용하지 않는다.

정공의 질문에 공자는 간결하면서 정확하고, 질문의 핵심이 담겨 있는 답변을 내놓는다.

"군왕은 예로써 신하를 부리고, 신하는 충으로써 군왕을 섬겨야 합니다." 이는 조직에서 인력사원 관리의 핵심이 되는 이념이다.

이 말의 미묘한 부분을 이해하고 싶다면 반대로 생각해보는 것도 도움이 된다. 즉, 군왕이 충으로써 신하를 부리고, 신하가 예로써 군왕을 섬기면 어떻게 될까? 예를 들어 어떤 기업의 사장이 직원들에게 '직장이 없으면 직원은 아무것도 아니다'라고 말하며 회사에 충성하라고 한다면 어떻게 될까? 회사의 업무는 자발적으로 해야 효율성이 높아지는데, 강압적으로 충성을 강요하면 직원들은 일하고 싶은 마음이 사라지게 된다. 바로 이런 경우를 '임금이 신하를 충으로써 부리는 상황'이라 할 수 있다. 또 이런 분위기에서 직원들은 마지못해 소극적으로 대충 일하며, '노동법'에 저촉

되지 않는 선에서 실수만 하지 않으면 된다고 안일하게 생각할 것이다. 그리고 바로 이런 상황이 직원이 사장을 '예'로써 대하는 것이다. 예법과 같은 회사 규칙과 노동법에 어긋나지 않는 선에서 일한다면 회사는 성과를 낼 수 없을 것이고, 조직 분위기가 나빠지는 것은 당연지사다.

그럼 반대로 공자가 제시한 "군왕은 예로써 신하를 부리고, 신하는 충으로써 군왕을 섬겨야 한다"는 방법으로 회사를 경영한다면 어떤 상황이 펼쳐질까? 사장이 고용한 직원을 예절로써 관리하는 것은 직원에게 가장 기본적인 사항만 요구하는 것이다. 강압적이지 않은 분위기에서 직원들이 회사의 규범과 규칙을 준수하게끔만 관리한다면, 사장은 직원에게 회사를 위해 헌신하고 충성심을 표시하라고 요구할 상황도 생기지 않게 된다.

"신하는 충으로써 군왕을 섬긴다"는 것은 직원이 회사 일을 자기 일처럼 하는 것을 말한다. 자발적으로 역량을 발휘하며 최선을 다해 일을 잘 처리한다면 회사는 발전하기 마련이다. 이렇게 사장과 직원이 협력하면 양쪽 모두 이득을 얻을 수 있다. 하지만 유감스럽게도 현실은 이상적으로 펼쳐지지 않게 마련이다. 사장은 직원들이 최선을 다하지 않는다고 생각하고, 직원들은 자신이 충분히 노력했다고 생각한다.

2천여 년 전의 『논어』가 지금까지도 매력을 가진 이유는 바로 현시대에도 적용이 가능한 문장들이기 때문이다. 이 문장에 담긴 공자의 말을 통해 우리는 현재 풀리지 않는 문제의 해답을 찾을 수 있다. 공자의 문장을 쉽게 풀이하자면, 조직 운영의 정석은 윗사람이 아랫사람에게 지나친 요구를 하지 말고, 아랫사람도 윗사람에게 가식적으로 행동하지 않는 것이다.

『논어』의 후속편에서는 다음과 같은 말이 등장한다.

"군자를 섬기는 건 쉬워도 기쁘게 하기는 어렵다. 도로 기쁘게 하지 않으면 기뻐하지 않으며, 사람을 부릴 때는 그릇에 맞게 하기 때문이다. 소인은 섬기기는 어려워도 기쁘게 하기는 쉽다. 도로 기쁘게 하지 않아도 기뻐하며, 사람을 부릴 때는 완전히 갖추기를 바라기 때문이다君子易事而難說也. 說之不以道, 不說也. 及其使人也, 器之. 小人難事而易說也. 說之雖不以道, 說也, 及其使人也, 求備焉."

"군자를 섬기는 건 쉬워도 기쁘게 하기는 어렵다"는 문장의 예를 들어 보자. 아랫사람이 윗사람에게 무언가를 바라며 대가성 뇌물을 줬을 때 윗사람이 흡족해하며, "세상 물정을 아는구나. 내가 잘 봐 줄 터이니 걱정하지 말게."라고 말한다면 그 사람은 군자가 아닌 소인에 해당하는 사람이다. 선물 하나에 원칙을 잃어버렸으니 말이다.

반면, 군자는 물질적인 것으로 기쁘게 하기는 어렵고 섬기기는 쉽다. 그 이유는 군자는 완전함을 갖추었기 때문에 무리한 것이 아닌 상대방의 그릇에 맞는 합리적인 요구만 하기 때문이다. 그리고 군자는 자신의 일은 스스로 처리한다. 따라서 '군자를 섬기는 건' 자연히 쉬운 일이 된다. 반면 소인과 협력할 때는 "섬기기는 어려워도 기쁘게 하기는 쉬운" 상황이 된다. 이사를 도와줘 기쁘게 할 수도 있고, 선물을 줘서 기쁘게 할 수도 있고, 생일을 챙겨주는 것으로 기쁘게 할 수도 있다. 이처럼 소인은 물질적인 것에 기뻐한다. 하지만 사람을 부릴 때는 자신이 부족한 면이 많기에 완전히 갖추기를 바라게 된다. 그러나 함께 일할 때 지나치게 질책하고 가혹한 요구를 한다면 무엇도 제대로 하지 못하게 된다. 이는 "군왕은 예로써 신하를 부리는 것"과 완전히 반대된다. 이것이 군자와 소인의 차이점이다.

"군왕은 예로써 신하를 부리고, 신하는 충으로써 군왕을 섬겨야 한다"는 말은 지금도 강력한 의미를 지니고 있다. '군왕이 예로써 신하를 부리는 것'의 핵심은 규칙을 갖고, 기본적인 것만 요구하는 것이다. 또 '신하가 충으로써 군왕을 섬기는 것'의 핵심은 제한을 두지 않고 최선을 다해 일하는 것이다.

공자의 말은 '윈윈게임'이라고 할 수 있다. 공자의 말을 실천한

나는 불안할 때 논어를 읽는다

다면 군왕과 신하의 게임은 무한히 서로 이길 수 있는 결과를 가져다준다. 시너지 효과가 창출되는 것이다. 하지만 반대의 상황은 치킨게임으로 변한다. 치킨게임에는 승자가 없으며 모두가 패자가 된다. 군자와 신하가 서로 불만을 품게 되니 협력이 이루어질 수 없어 결과가 좋을 수가 없다.

아애기례 我愛其禮

시대가 바뀌어도
예절의 본질은 지켜야 한다

◆

자공이 곡삭에서 양을 바치는 걸 없애려 했다.

공자가 말하길 "사야, 너는 그 양을 사랑하고 나는 그 예를 사랑한다!"

子貢欲去告朔之餼羊. 子曰 "賜也, 爾愛其羊, 我愛其禮!"

孔子對曰 "君使臣以禮, 臣事君以忠."

자공욕거곡삭지희양. 자왈 "사야, 이애기양, 아애기례!"

가슴이 뭉클해지는 문장이다. 공자의 말년에 일어났던 일을 이야기하는 것으로 추측된다.

유학자이고 외교관이자 상인이었던 자공은 군왕과 견줄만큼 상당한 부자였다. 그래서 군왕은 어디를 가든 자공에게 자리를

306

◆

나는 불안할 때 논어를 읽는다

양보하며 앉으라고 청했다고 전해지니 자공의 권세가 놀라울 따름이다.

"자공이 곡삭에서 양을 바치는 걸 없애려 했다"에서 '곡삭告朔'은 매월 초하루에 지내는 제사를 일컫는 말로, 이때는 양 한 마리를 제물로 바쳐야 했다. 양고기 요리가 아닌 살아 있는 양을 죽여서 제물로 바친 것이다. 곡삭의 제물로 쓰일 양을 책임졌던 자공은 매달 양 한 마리를 죽이는 것이 아깝고 낭비라는 생각이 들었다. 자공의 실용주의적인 면모를 볼 수 있는 대목이다. 당시에는 경제적 여유가 많지 않은 사람들이 제사에 쓰이는 양이나 소, 돼지를 나무로 조각해 대신 제물로 바치기도 했다. 자공도 아마 비슷한 방법을 사용하려 했을 것이다. 이 사실을 알게 된 공자가 "사야, 너는 그 양을 사랑하고 나는 그 예를 사랑한다"라고 말했다. 여기서 '사'는 자공의 이름이다. 공자의 말을 쉽게 풀이하면 다음과 같다. "자공아, 네가 사랑하는 건 그 양이고, 내가 사랑하는 건 그 예이다." 사람들이 갈수록 예를 중시하지 않는 사회 분위기에 대해 공자가 불만을 드러낸 것이다.

옛사람들은 원래 제사를 지낼 때 제물로 소를 바치며 예를 지켰다. 그런데 제나라 선왕宣王이 제물을 소에서 양으로 바꾸었다. 선왕은 제사에 바쳐질 소가 눈물을 흘리며 대청을 지나가는 걸 보고 너무 가엾다며 제물을 양으로 바꾸게 했다. 이미 제사의 예식이 변했던 터에 이런 일이 발생한 것이다. 공자는 제물로 소를 바치던 걸 양으로 바꾸고, 이제는 양마저 바치려 하지 않는 모습을 보며 사람들이 갈수록 예를 중시하지 않는다고 한탄했다. 이와 같은 논쟁은 항상 끊이질 않아 왔고, 지금도 마찬가지다.

역사의 수레바퀴는 누구도 멈출 수 없다. 시대의 흐름에 맞춰 예식의 방법도 어느 정도 변하기 마련이다. 하지만 공자는 당대의 시대 상황에서 제사의 예식을 실용적으로 바꾸는 것을 탄식할 수밖에 없었다.

우리는 공자 시대의 사회상을 정확히 체감하기 어렵기 때문에 공자가 탄식한 이유에 공감하기 어려울 수 있다. 매월 초하루에 양 한 마리를 죽여 제사를 올리는 것은 현대를 살고 있는 우리의 시선에는 야만스럽고 잔인하고 낭비처럼 보일 수 있다. 하지만 지금보다 예법을 중시하는 당시의 상황에서 공자가 간과할 수 없는 부분이었을 수 있다.

우리도 살면서 수도 없이 많은 논쟁을 벌인다. 부모가 나이가 들면 요양원에 보내야 하는지, 집에서 모셔야 하는지 등 쉽게 판단할 수 없는 문제들이 많다. 자공의 실용주의 관점에서 보면 병든 부모를 요양원에 보내는 것이 합리적인 행동으로 보인다. 특히 요즘같이 자녀가 한 명인 시대에서 혼자 부모를 직접 돌보는 일은 결코 쉽지 않다. 하지만 공자의 시대에 만약 요양원과 비슷한 시설이 있었다면 공자는 요양원은 누구의 집도 아니니 집에서 모셔야 한다고 생각했을 것이다.

삶은 쟁론의 연속이다. 한 문제를 해결하면 또 다른 갈등이 출현한다. 그리고 시대가 복잡해질수록 이전에 없던 새로운 갈등도 계속 생겨난다. 사회의 발전은 이러한 문제와 갈등을 해결하는 과정에서 이루어지는 것이다. 하지만 사회적 차원에서 생각하는 것과 개인의 일은 다를 수 있다. 삶의 문제와 고난들은 개인 혼자 해결하기 벅차고 고통스럽다. 우리는 이런 고통을 어떻게 대면해야 할까?

염세주의 철학자 쇼펜하우어Arthur Schopenhauer는 고통의 총량은 변하지 않는다고 말했다. 대학시험에 합격하지 못해 괴로운 학생들은 대학에 진학하면 자신의 인생이 나아질 것이라고 생각한다. 하지만 대학에 합격한 후에도 여전히 새로운 문제들이 생겨난다. 대학을 졸업하면 취업을 해야 하며, 회사에 들어가면 진급을 해야 한다. 쇼펜하우어는 삶이 고통이라고 말한다.

나는 쇼펜하우어의 인생관을 바꿔보고 싶다. 인생에 있어서 고통의 총량은 변할 수 있다고 생각한다. 왜 그럴까? 고통은 자신의 능력의 변화에 따라서 그 강도가 바뀔 수 있기 때문이다. 여기서 내가 말하는 능력은 일을 잘 해결해 나가는 능력이 아니다. 고통과 행복을 이해하는 능력이다. 거꾸로 생각해보자. 만약 한 사람이 행복을 이해하는 능력이 높다면 행복의 총량도 증가할 수 있다. 그리고 만약 고통을 그렇게 힘들지 않게 느낀다면 삶의 고통도 그만큼 줄어들 것이다.

공자, 맹자, 왕양명 모두, 사람은 누구나 수행을 해야 한다고 말했다. 사람이 끊임없이 수행하는 이유는 뭘까? 수행의 목적은 행복을 느끼는 능력을 꾸준히 향상시키기 위함이다. 공자는 언제 어디서든지 기쁠 수 있었고, 긍정적인 태도로 세상의 변화를 바라볼 수 있었다. 공자는 행복을 느낄 수 있는 능력이 강한 사람이었다.

이 문장은 말년의 공자가 느끼는 불만과 탄식이 담겨 있다. 공자는 세상이 변하는 걸 알고 있었지만, 자신만의 가치관이 옳다는 믿음이 확고했다. 그래서 예식에 드는 비용에 인색한 마음을 쓰는 사람들을 못마땅하게 생각했던 것이다. 공자의 안타까운 마음이 지금까지 들리는 듯하다.

『논어』에서 답을 얻으니 기쁘지 아니한가?

나는 오디오북, 동영상, 이미지 등을 활용하는 지식 서비스 프로그램인 '판덩독서樊登讀書'를 2014년부터 시작했다. 판덩독서 창업 초기에는 예기치 못한 일이 많이 발생해 상당히 힘들었다. 끊임없이 변하는 외부 상황과 곳곳에 가득한 불확실성은 큰 스트레스였다. 갑작스럽게 변한 외부 상황 때문에 판덩독서 프로그램이 무용지물이 됐을 때 나는 절망감에 빠졌다. 하지만 곧 극복할 수 있었다. 공자의 가르침을 떠올렸기 때문이다.

"군자는 자신에게서 잘못을 찾고, 소인은 남에게서 잘못을 찾는다君子求諸己, 小人求諸人."

이 문장의 뜻은 다음과 같다. 군자는 일이 잘못됐을 때 그 원인을 자기 자신에게서 찾는다. 그리고 그가 할 수 있는 범위에서 최선의 노력을 다한다. 하지만 수련하지 않는 소인은 매일 다른 사람의 잘못이라고 탓하며, 세상이 불공평하다고 원망한다. 공자의 말을 떠올린 나는 이렇게 생각했다. '그래, 외부 상황이 어떻게 변하든 내가 할 수 있는 범위 내에서 최선을 다하자!'

어려움에 처할 때 나는 그렇게 나 자신을 다독이며 노력했다. 그리고 시간이 지나자 '판덩독서'가 조금씩 성과를 보이기 시작했다. '판덩독서'에 빠져든 사람들은 조금씩 그들의 삶을 바꿔나가기 시작했다. 그래서 사람들은 '판덩독서'가 사회를 위한 공헌을 하고 있다고 평가했다. 물론 듣기 좋은 칭찬만 있던 것은 아니다. 일부의 사람들은 '판덩독서'를 비판했다. '판덩독서'는 완벽하지 않다. '판덩독서'의 부족한 부분을 보았기 때문일 것이다. 이럴 때도 나는 공자의 말을 떠올렸다.

"사람들이 알아주지 않아도 화내지 아니하니 군자답지 아니한가人不知而不慍, 不亦君子乎."

나는 불안할 때 논어를 읽는다

인간은 사회적 동물이다. 상대방에게 인정받고 다른 사람들이 내 진심을 알아주기를 원하기 마련이다. 그런데 만약 다른 사람들이 나를 알아주지 않으면 어떻게 해야 할까? 이럴 때 공자의 지혜가 또 필요한 것이다. 사람들이 나를 알아주지 않아도 화내지 않는 마음가짐은 공자의 가르침에서 시작되는 것이다.

나를 키운 것은 팔 할이 공자의 말씀이다. 대학교 시절부터 지금까지 오랜 시간 동안 공자는 항상 나를 지켜주는 든든한 버팀목이자 인생의 항로를 결정해주는 선장이었다. 현자의 배에 승선한 나는 일등항해사일까? 아니면 삼등항해사일까? 이쨌든 나는 공자의 배에 오른 선원으로 그 몫을 다하기 위해 노력할 것이다. 그것이 아마도 지금껏 내가 공자에게 진 빚을 갚는 방법이 아닐까? 나는 『논어』에 빠져들수록 주변의 친구들은 물론, 다른 모든 사람과 『논어』의 지혜를 공유하고 싶은 마음이 커져 갔다. 그리고 이런 나의 마음을 응원해주는 지인들이 큰 힘이 되어 주었다. 그렇게 나는 지금까지 읽었던 다른 책들을 종합해 『논어』를 정리해야겠다고 결심했다.

'『논어』 읽기'는 자신을 성찰하고 문제해결의 실마리를 제공한다. 나는 춘추전국시대 초기에 쓰인 『논어』가 현대인의 삶에 어떤 역할을 할 수 있을지 고민했다. 스마트 기기와 인공지능이 출현한 지금 이 시대에, 2천년 전의 『논어』를 어떻게 현대인들과 공유해야 할까? 그리고 무엇보다 『논어』를 정보화시대에 어떻게 응용해야 할까? 만약 우리가 『논어』를 문자 그대로 고지식하게 읽고 있다면 『논어』는 시대착오적이고 경직된 '죽은 학문'이 된다. 아무리 존경받는 공자일지라도 우리에게 죽은 지식은 필요 없다.

인터넷을 떠도는 『논어』의 해설은 대부분 지나치게 통속적이거나 무미건조하다. 심지어 공자의 뜻에 어긋나거나 가장 진귀한 고갱이를 빠트리는 경우도 있다. 검증되지 않은 잘못된 해설이 하이퍼링크로 연결돼 공유되고 증식하고 있었다. 이대로 두면 안되겠다 싶은 생각이 들었다. 나는 『논어』의 모든 문장에 담긴 본래의 정수를 복원해야 되겠다고 결심했다!

지금 이 시대에 술술 읽힐 수 있는 『논어』는 어떤 모습일까? 심사숙고를 거듭한 끝에 『논어』를 다른 책들과 융합하기로 했다. 심리학, 물리학, 사회학, 경영학 등 현대의 학문들과 『논어』의 연결점을 찾으려 노력했다. 만약 이 연결이 이루어진다면 『논어』의 현대화도 성공할 수 있다고 나는 확신했다. 필요한 부분에 있어서는 나의 경험과 들었던 이야기들, 그리고 영화들도 소개하며 『논어』를 이야기했다. 지금 이 시대에 『논어』를 살아 움직이게 해야만 했던 것이다. 그것이 바로 이 시대의 올바른 『논어』 읽기의 방법이다.

『나는 불안할 때 논어를 읽는다』는 많은 논쟁을 불러올 수 있다. 『논어』의 간단한 문장 속에는 심오한 여러 가지 뜻이 담겨 있기 때문이다. 해석의 방향노 나양하다. 학자들은 가자의 해석에 정당성을 갖추기 위해 합당한 근거들을 마련한다. 그리고 서로 자신들의 해석이 가장 훌륭하다고 다투는 경우도 있다.

학자가 아닌 나는 이러한 학술적 논쟁에 참여할 생각은 없다. 게다가 『논어』에 대한 학술적 '기준'을 세울 정도로 학문적인 방법론을 갖추지 못했다. 나는 그저 내가 이해하고 있는 것을 바탕으로 『논어』를 어떻게 응용할 수 있는지, 『논어』가 지금 시대와 어떤 관계가 있는지 설명하려 노력했다. 나의 『논어』 읽기가 현대인의 삶에 더욱 밀접하게 연결되어 깨달음을 줄 수 있기를 바랄 뿐이다. 번뜩이는 아이디어가 필요한 창업자, 자녀 교육 걱정에

여념이 없는 부모들, 직업을 선택해야 하는 대학 졸업생들을 비롯한 현대인 누구에게나 『논어』는 길라잡이가 된다. 이것이 내가 『논어』를 대하는 초심이자 원칙이며 목적이자 가치이다.

　나는 내 삶이 불안할 때 『논어』를 읽었다. 당신의 삶이 소중하다고 생각된다면, 우리 같이 『논어』를 읽어보자. '판덩의 『논어』 읽기'는 그리 어렵지 않을 것이다. 그리고 다 읽은 후에는 아마도 이런 말이 나올 것이다.

　『논어』에서 답을 얻으니 기쁘지 아니한가!

나는 불안할 때 논어를 읽는다

멈추지만 않는다면
얼마나 천천히 가는지는 문제가 되지 않는다.

공자

알고 있을 때는 알고 있음을 밝히고,
잘 모르고 있을 때는 모름을 시인하는 것이 바로 참된 지식이다.

공자

젊은이를 존중하라.
그들의 미래가 우리의 현재와 같지 않을지 어찌 아는가?

공자

가장 큰 영광은 한 번도 실패하지 않는 것이 아니라
실패할 때마다 다시 일어서는 데에 있다.

공자